KB008311

인천상륙작전과 맥아더

인천상륙작전과 맥아더

이상호 지음

차 례

맥아더를 둘러싼 논란에 대해

맥아더는 야누스적 인간인가

1961년 미국 재무부는 맥아더(Douglas MacArthur)를 위해 "오스트레일리아의 수호자, 필리핀의 해방자, 일본의 정복자, 한국의 방어자"라고 새긴 금메달을 주조하였다. 제2차 세계대전에서 보여 준 맥아더의 성공적인 작전 수행과 한국전쟁에서의 빛나는 전투 지휘를 기념하기 위한 것이었다. 그러나 대다수 일반인은 그를 친숙하게 여기지만 실상 그에 대해서는 잘 모르고 있다.

맥아더는 한 인물로 보자면 매우 다면적인 특징을 갖고 있는 사람이다. 평생을 군인으로 살았지만 전형적인 군인이라기보다는 정치적인 색채를 농후하게 갖고 있던 인물이었다. 따라서 그에 대한 주변 인물들의 평가는 매우 상반되었다. 갈등이 얼마나 깊었던지 미 대통령 트루먼(Harry S. Truman)은 사석에서 맥아더를 사기꾼이라고 불렀다.

그러나 이와는 전혀 상반되는 평가를 하는 사람도 있다. 미 제5공군 사령관으로서 맥아더의 사령부 하에 제2차 세계대전과 한국전쟁에 참전했던 스트레이트메이어(George E. Stratemeyer)는 그를 "미국 역사상 가장 위대한 지도자요, 가장 위대한 지휘관"이라고 말하였다. 냉전이라는 용어를 처음으로 사용한 언론인 월터 리프만(Walter Lippman)은 맥아더를 넓고 심오한 철학을 가지고 있는 위대한 지휘관으로, 또한 휘하 병사들을 지휘하는 데 있어 올바른 인재를 찾아낼 줄 아는 사람으로 평가하였다.

한때는 국내에서 맥아더를 신으로 모시고 있는 무당도 있었고, 1957년에는 살아 있는 사람을 대상으로 한 동상이 세워지기도 하였다. 또한 인천시 자유공원에 있는 맥아더 동상이 훼손당할지도 모를 불상사에 대비하여 경찰요원들이 동상 주위를 순찰하기도 했다.

한편으로는 '영원한 우상'으로서, 다른 한편으로는 '잔혹한 전쟁광'으로서 평가받고 있는 맥아더는 좀 더 객관적으로 살펴볼 필요가 있다. 그의 행적에 대한 공과(功過)를 통해 인물에 대한 정당한 평가를 내려줘야 한다.

'영웅사관'을 학문적으로 체계화한 영국의 역사가 토머스 칼라일은 영웅을 성실성과 통찰력을 구비한 인물로 정의하고 있다. 즉 영웅은 성실성과 통찰력이라는 정신적 자질을 갖춘 위인이라는 것이다. 그런데 칼라일은 이러한 영웅을 알아보려면 일반인 역시 성실성과 통찰력을 구비해야 한다고 경고하고 있다.

역사적 인물이라도 그 행적에 따라 공(功)과 과(過)가 존재한다. 과연 우리들은 역사적 인물을 평가할 성실성과 통찰력을 구비하고 있는가.

2015년 4월 이상호

1부

제1차
인천상륙작전과
미군의 진주

1장
제2차 세계대전 종전

또 하나의 인천상륙작전

우리에게 인천상륙작전 하면 제일 먼저 떠오르는 것은 1950년 9월 15일 630여 척의 함정을 이용하여 감행된 크로마이트 작전이다. 하지만 사실 미군의 인천상륙작전은 총 2번에 걸쳐 이루어졌다. 바로 1945년 9월의 인천상륙작전이다.

굳이 1945년 9월의 인천상륙작전을 먼저 소개하는 이유는 1950년 9월의 인천상륙작전이 그간 알려진 것처럼 갑자기 준비된 것이 아니라 실은 그 5년 전 있었던 미국의 상세한 작전계획의 연장선이라는 사실을 독자에게 알리기 위한 것이다. 더 자세히 말하자면 1945년

9월과 1950년 9월 각각의 인천지역에 대한 상륙작전은 이미 1944년 일본에 대한 상륙작전을 연구했던 미 합동참모본부 JCS 924의 부록 B에 기술되어 있다.

즉 맥아더 장군을 총사령관으로 하는 인천상륙작전은 1차 인천상륙작전(1945년 9월)과 2차 인천상륙작전(1950년 9월)으로 구분하여 설명할 수 있다. 물론 1차, 2차로의 구분이 작전의 성격과 맞지 않으므로 설득력이 없다고 할 수 있지만, 여기서 거론하는 1차, 2차는 두 개의 상륙작전이 어느 정도 연관성이 있다는 점을 드러내고자 하는 의도에서 붙인 명칭이다. 특이하게도 1차 인천상륙작전과 2차 인천상륙작전은 맥아더를 최고사령관으로 하는 부대가 중심이 되어 이루어졌다. 차이가 있다면 1차 인천상륙작전은 하지(John R. Hodge)가 이끄는 미 제24군단이 주축이었고, 2차 인천상륙작전의 주축은 알몬드(Edward M. Almond)가 이끄는 미 제10군단이었다.

먼저 제1차 인천상륙작전부터 상세히 소개하며 이야기를 풀어 나가고자 한다.

일제의 패망과 미국의 한반도 전후처리

일본의 패망이 가시화되자 미국에서는 아시아 지역에 대한 전후 계획을 구체화하기 시작하였다. 이는 일본제국의 해체를 중심으로 만주, 타이완, 한반도 지역을 어떻게 관리해야 하는지에 관한 문제로 귀결되었다.

한국에 관한 문제는 1944년 1월부터 표면화되기 시작했다. 1944년 한국의 점령과 군정문제에 관한 정책문서가 미 국무부에 의해 작성되었다. 이 문서는 한반도를 우선 미국·영국·소련·중국 등 4대 강대국이 점령하고 마지막 단계에서는 신탁통치 혹은 국제적 권위를 통해 감독할 것을 제시하고 있다. 이러한 정책목표 아래 미국은 북태평양 지역에서의 안보이익 때문에라도 한국에 대한 영향력을 지속적으로 확보하고, 실질적으로 그것에 개입하되, 상당한 기간 동안 군정에 참여해야 한다고 강조했다.

한국에 대한 구체적인 전략 기획은 3부조정위원회(State-War-Navy Coordinate Committee, SWNCC)에서 작성한 문서에 의해 시작되었다. 1945년 2월 5일 SWNCC는 일본 등의 항복지역 점령과 점령군 구성에 관한 문서를 작성했다.

1945년 7월 초 미영연락장교단(American-British Conversation, ABC)은

전후 점령지역에 관한 문서를 작성했다. '전후 일본의 점령과 통제'라는 명칭으로 작성된 문서의 주요 내용은 일본의 점령은 미국에 의해 주도적으로 이루어져야 하며 한반도는 4대국 신탁통치안을 실시한다는 것이다.

일본 본토 침공작전

태평양 전쟁의 전황이 미국을 위시한 연합국에 유리하게 전개되자 일본 본토 침공작전에 대한 마스터플랜이 1945년 2월 9일 몰타에서 열린 미영 합동참모회의에서 검토되기 시작했다. 그리고 미 합참에서도 맥아더로 하여금 구체적인 작전계획을 수립할 것을 지시하였다.

같은 날 미 합동참모본부는 맥아더에게 일본 본토에 대한 최후의 일격을 가하는 작전계획을 세우라고 지시했다. 이 지시에 의해 일본 공격과 점령에 관한 최종안이 마련되었다. 일본 본토 및 한국을 포함한 주변 식민지에 대한 상륙작전은 다운폴(DOWNFALL)이라는 암호명으로 1945년 4월 8일 최종안이 작성되었다. 여기에는 다시 하부 작전으로 두 개의 작전이 포함되어 있었는데, 하나는 올림픽(OLYMPIC)으로서 큐슈의 남쪽 섬을 예비적으로 공격하는 작전이고, 다른 하나는 코로넷(CORONET)으로서 혼슈의 간토평야에 상륙하는 것이었다. 올림픽 작전은 11월 1일로 예정되었고, 코로넷 작전은 1946년 3월로 예상되었다.

맥아더와 니미츠(Chester W. Nimitz)는 이 작전과 병행하여 일본 및 그 식민지에 대한 점령계획안을 자신들의 작전참모에게 준비할 것을 각각 명령했다.

블랙리스트 작전의 구체화

맥아더의 작전구상인 블랙리스트(BLACKLIST)는 22개 대규모 육군사단을 동원하여 해군과 공군의 협조 하에 점령작전을 전개하는 것이었다. 블랙리스트 작전에서 한국과 관련해서는 제1국면에 서울에 상륙하고, 제2국면에 부산지역으로 상륙하여 북으로 진격하며, 마지막으로 군산-전주-대구에 진주하는 계획이었다.

한국과 일본에 대한 평화적 진주와 점령을 위한 전략적 계획인 블랙리스트는 일본이 항복하기 6일 전인 8월 8일에 최종 결정되었다. 이 계획은 일본 정부·대본영의 돌연한 궤멸이나 항복에 대처해 일본과 조선을 점령하는 데 있어서 미 태평양육군사령관의 통제 하에 미군 병력의 활동을 다룬 것이었다.

일본이 포츠담선언을 수락하고 이를 미국 수뇌부에 전달함으로써 이 뉴스가 오키나와에 전해진 것은 1945년 8월 10일이었다. 최종적으로 일본 본토 침공을 위해 준비하던 미군은 일본 본토 점령뿐 아니라 당시 일본의 식민지였던 한국, 타이완 지역에 대한 상륙작전 준비도 서둘렀다.

종전 무렵 미군의 병력은 류큐 열도에 27만(공군·육군 각 10만, 근무지원부대)명인데 오키나와에 추가로 해병대 5만이 배속되어 있었다. 오키나와에 주둔하고 있는 미군 선임사령부는 제10군이며 사령관은 스틸웰(Joseph W. Stilwell)이었다. 제10군에 배속된 군조직은 제24군단, 제7보병사단, 제27보병사단, 근무지원사령부 등이었다.

2장
38선 분단과 미군의 진주계획

미 제10군의 한국점령

8월 11일 저녁 제10군 참모장으로 임명된 메릴(Frank D. Merrill)중장은 참모들에게 제10군이 조선을 점령하게 되며 B-day(작전을 개시하며 동시에 평화협상이 개시되는 것으로 고위사령부가 계획한 날짜)로부터 27일째부터 조선점령 이동이 개시된다고 발표하였다. 제10군과 함께 제7사단 및 기타로 구성된 제24군단이 점령에 동참한다는 사실이 뒤이어 공표될 예정이었다.

점령기는 세 단계로 나뉘는데, 첫 번째는 미군이 적 정부의 최고기관을 장악하고, 두 번째는 군대를 무력화하며, 세 번째는 중요산업·정치 중심과 해상 수송의 요충지를 장악하는 단계였다. 이 다음의 단계는 식량공급을 통제하기 위해 군소지역을 점령하고 중요한 외곽과 연안통로를 장악하는 것이었다.

조선과 관련해 선택된 지역들은 제1단계(phase I) 서울-인천지역, 제2단계 부산지역, 제3단계 군산지역으로 구분되었다. 즉 '베이커-포티(Baker-Forty)'로 명명된 한반도 점령 임무는 3개 보병사단으로 구성된 제24군단을 포함한 제10군에게 부여되었다.

조선점령군의 최초 임무는 '일본군의 무장해제와 통신통제체제의 확립'으로 12가지로 규정되었다. 군정의 수립, 법률·질서의 유지, 자유상거래의 촉진, 연합군 전쟁포로 및 민간 억류자의 구출, 점령군에 위해를 가하는 개인·조직활동의 억압, 전범체포, 미 태평양함대 사령부 원조 등이다.

점령군은 오키나와에서 인천으로 직행하도록 결정되었다. 부대명단(블랙리스트를 비치한 부대명단)이 GHQ를 경유해 보고되었다.

한국점령의 임박

8월 9일 소련군이 만주와 북조선에 진격했다는 뉴스가 전해졌다. 소련군은 8월 10일에는 웅기를 점령했고 13~16일 사이에 소련군함이 국경에서 남방 70마일 지점인 청진항에 입항하는 등 한반도 점령을 진행하고 있었지만 미군은 오키나와에서 전투를 계속하고 있었다. 예를 들어 12~13일 밤에 2번의 공습경보가 울렸고 전함 펜실베이니아호가 어뢰에 맞기까지 하였다. 미군은 이에 대한 보복으로 일본 도쿄에 폭격을 감행했다.

8월 13일 스틸웰은 곧 연합군최고사령관(Supreme Commander for the Allied Powers, SCAP)에 임명될 맥아더와 회담하기 위해서 마닐라로 향했다. 8월 14일 스틸웰은 참모장에게 전문을 보내 기본계획에는 변화가 없다고 통보했고 한국점령부대는 3개 지대로 나뉘어 2주간의 간격으로 이동하기로 결정되었다. 임무는 일본인의 무장해제, 연합군 전쟁포로 석방, 평화유지, 질서유지 등 블랙리스트 작전에 기술된 내용이었다.

미 제10군의 참모장인 메릴은 한반도 진주에 앞서 다음과 같이 발표하였다. "인구의 95퍼센트가 조선인이며 이들은 '준우호적'일 것으로 간주된다. 다양한 정치집단들 간의 분쟁도 예상된다. 이에 대한 예방책으로 선발대가 인천 근교에 전투착륙(Combat Landing)하기로 하였다."

한반도 점령군의 변경과 미 제24군단

8월 15일 미 대통령은 일본이 항복을 수락했음을 발표했고, 맥아더에게 항복수락을 지시하고 공식적으로 전쟁의 종료를 선언했다. 8월 15일 저녁 메릴 장군은 제10군 참모에게 2가지 중요한 말을 전했다. "오늘은 B-day이다. 그러나 제10군은 한반도에 가지 않는다. 점령군은 제24군단이다. 제24군단 참모는 제10군 참모 출신 장교·인사로 보강될 것이다."라는 언질이었다.

제24군단은 1944년 4월 8일 하지 중장을 사령관으로 하와이 섬에서 창설된 전투부대이다. 하지는 북 솔로몬 군도의 부겐빌에 있던 아메리칼 사단장에서 제24군단장으로 임명되었다.

하지는 '군인 중의 군인(a soldier's soldier)'이라는 평판이 있었다. 웨스트포인트 출신은 아니지만 제1차 세계대전 중 정규군 소위로 임관되었다. 그후 보병장교로 생미엘(St. Mihiel), 뫼즈아르곤(Meuse-Argonne)에서 싸웠으며, 항공대 전술학교를 졸업한 몇 안 되는 육군 장교였음에도 불구하고, 그후로 계속 보병으로 복무했다. 또한 보병학교를 졸업했으며 지휘·참모학교와 육군대학을 졸업하며 전문 장교로의 경력을 이수했다.

하지는 제25사단 부사단장으로 과달카날에서 일본군과 싸웠고

이 전투 후 진급해 아메리칼 사단장이 되었다. 몇 달 뒤 맥아더는 일본군과의 전투과정에서 극심하게 쇠약해진 제43사단을 뉴조지아에서 잠정적으로 지휘하게 하기 위해서 하지를 선발하였다. 그는 개인적 노력을 통해서 지치고 사기가 떨어진 집단을 전투사단으로 재조직할 수 있었다. 이후 부겐빌 전선에 나가 싸웠고, 선두에 있었기에 부상당했다. 솔로몬 군도에서 결정적 지도력으로 공로훈장(Legion of Merit)과 수훈훈장(Distinguished Service Medal)을 받았다. 일본이 패망한 후 하지가 이끄는 제24군단이 한반도 점령군이 되었고, 하지 중장은 1945년 8월 27일 주한미군사령관이 되었다.

3장
제1차 인천상륙작전

제1차 인천상륙작전의 준비

8월 28일 하지는 태평양사령부에 자신의 계획을 전달하였다. 같은 날 제24군단은 한국점령문제를 다룬 야전명령 55호(Field Order 55)를 발표했다. "9월 3일 오후나 4일 오전에 제7사단이 중장비와 수송수단을 탑재하지 않고 출발한다. 9월 7일 첫 번째 만조에 인천에 도착하며 동일자에 서울로 이동하기 위해 노력을 다한다. 제7사단은 15대의 공격수송함(APA)과 1대의 화물수송함(AKA)을 사용하고 제40사단은 파나이(Panay)에서 가능한 빨리 선적해서 한국에 10월 1일쯤 도착할 것이다. 그후 제96사단이 필리핀 민도로(Mindoro)에서 수

송될 것"이라는 내용이었다. 그러나 실제로는 날씨 때문에 4일에 출발하지 못했다.

8월 28일 발표된 제24군단 야전명령에는 9월 7일을 잠정적인 E-day로 설정했다. 제7사단장은 H-hour를 선포했다.

제7사단의 임무는 인천항에 상륙하여 안전지대를 확보하고, 제24지원사령부가 대체한 후 동쪽으로 진격하여 인천-서울지역의 중요 군사·민간시설을 장악하는 것이다. 계속해서 서울 외곽 5마일 더 동쪽으로 점령하고, 북으로는 개성까지, 동으로는 한강·북한강까지 확장 준비하는 것이 주요 임무였다.

제40사단의 임무는 다음과 같았다. 파나이에서 전개해 인천 또는 다른 방향으로 제7사단이 담당한 인천-서울고속도로를 인계하고, 한강 남쪽 지역 책임을 분담하며, 수원 바로 아래까지 이동 준비를 하는 것이다. 또한 제24군단의 한 부대인 제96사단은 10월 7일 이전에 인천·부산·군산 중 하나에 상륙하는 것으로 임무를 부여받았다.

제24군단의 한반도 상황보고 접수

하지가 이끄는 제24군단에 일본군으로부터 8월 29일 조선에 관한 최초의 상황보고가 들어왔다. 물론 이 보고는 직접 전달받은 것이 아니라 맥아더 사령부를 경유하여 수신한 것으로 내용은 다음과 같 았다.

북조선 상황은 8월 23일 이래 최악의 것으로 돌변했고 일본 거류민의 생명·재산은 임박한 위험에 노출되어 있다. 이 비참한 상황을 치유하 지 않고 방치한다면 결국 상황은 남조선에까지 확산될 우려가 있다. 그리하여 평화질서 유지와 관련해서 현지 일본 당국을 극도의 혼란 속에 빠뜨릴 것이다. 따라서 현지 일본 정부 당국은 남조선에서 일본 당국으로부터 평화·질서 유지 책임을 떠맡을 연합군의 조속한 상륙 을 열렬히 기다리며, 연합군이 일본군의 무장해제를 진행시키고 일본 인의 손에서 행정기구를 이양해 가기 전에 현재의 정확한 상황을 충 분히 고려해 주길 긴급히 희망한다.

맥아더는 이 상황보고를 전달하며 하지에게 보낸 8월 29일자 전 문에서 "일본이 보낸 이 메시지에 주의를 기울일 것이며 향후 남한 에서 벌어질 일들에 대한 정당한 조치를 취해야 함"을 주지시켰다. 이러한 와중에서 제24군단은 직접 무선연락체제를 구축하려 노력 했다. 2일간 시도한 뒤 주저하는 목소리로 "여기는 경성"이라는 응

답이 있었고 1945년 8월 31일부터 연락이 이뤄지기 시작했다. 통신이 개방된 뒤 양쪽에서 메시지가 쏟아졌다.

최초의 직접 메시지는 일본군 사령관이 하지에게 보내는 것으로 38선 이남 일본군의 무장해제를 제24군단과 협상하라는 지시를 받았다고 밝힌 것이다. 그러면서 그 다음날 메시지에서는 당시 한반도 상황이 일부 세력에 의해 혼란스럽다고 강조하며 자신들의 의도를 은폐하고 있었다. "그러나 이곳의 평화와 질서를 혼란시킴으로써 상황의 이득을 얻으려 음모를 꾸미는 공산주의자들과 독립선동가들이 조선인 사이에 존재한다."는 것이었다. 이후로도 일본군 사령관은 적색노조 등의 사보타지 가능성이나 미군 상륙의 어려움을 토로하기도 하고, 서울지역을 이미 러시아인들이 점령하고 있다는 오보까지 전하고 있었다.

이는 당시의 혼란상을 강조함으로써 미군에게 자신들의 무장력을 인정받고 지속적으로 도전하는 해방된 한국인들을 다루려는 의도가 개입된 것이었다. 그러나 하지는 항해 도중 38선 이남이 소련군에 점령되지 않았음을 알게 되었다

한국인에 전단 투여

하지는 상륙 전 미군의 생각을 한국인에게 전달하는 일이 필요하다고 여기고 이를 준비시켰다. 정보참모부(G-2)에서 영문(일어 번역이 포함됨)과 한글로 두 종류의 전단을 작성되었다. 여기에는 하지 장군이 조선인에게 보내는 메시지가 담겨 있는데 첫 번째 전단에는 1) 미군 상륙 임박 2) 내부혼란 회피 당부 3) 신국가건설에 힘을 모아 줄 것 등이 적혀 있었다. 그리고 두 번째 전단에는 "미군은 조선이 보다 민주적 질서 하에 운영되도록 돕기 위해 왔다."는 점을 강조하며, 정부 조직이 하룻밤 사이에 설립될 수는 없다고 지적하면서 일본 정부로부터의 변화는 점진적으로 이뤄질 것임을 천명하는 것이었다.

제308폭격단의 B-24기가 2명의 관측병과 13만장의 전단을 싣고 9월 1일 아침 오키나와를 출발하였다. 시계가 아주 양호해서 1,000~3,000피트 사이의 고도에서 정확히 전단이 투하되었다. 7만장이 서울에 투하되었고, 3만 5,000장은 부산에, 나머지 2만 5,000장은 인천과 경기 일원에 투하되었다. 비행기가 선회하는 동안 수많은 시민이 전단을 발견하고 읽는 모습이 관측되었다. 이때 일본 측의 방해는 없었다.

상륙전단의 준비와 출발

9월 1일 바아비 제독은 자신의 기를 마닐라의 상륙전 기함(AGC) 캐톡틴(Catoctin)호로 옮겨 조선으로의 이동을 지휘하기 위해 북상했다. 그는 배가 일기불순으로 지연되어 마닐라에 4일 오후 내지 5일까지 도착할 것으로 예정하고 E-day를 48시간 지연하자고 제안했다.

병력은 9월 3일 오전 8시에 탑승을 시작했다. 태풍이 섬 서부에 몰아치기 시작했고, 태풍이 그칠 기미가 없자 해군장교들과의 회합 이후 하지는 맥아더에게 9일을 새로운 목표일로 하자고 제안했다. 그러나 4일에 상황이 호전되어 저녁에 모든 병력이 탑승하였다. 한국을 점령하러 미군 부대는 5열의 밀접한 대열을 이루고 구축함의 호위를 받으며 오후 3시 45분 출항했다.

한편 선발대는 일본의 항복과 미군 상륙을 완벽히 준비하기 위해서 한국으로 날아갔다. 선발대는 9월 4일 아침 8대의 B25로 오키나와를 출발했으나 나쁜 기상상태로 2대의 비행기만 김포공항에 도착했다. 나머지 선발대는 9월 6일 오후에 도착하였다. 선발대가 도착하기 전 하지는 무선전신을 통해 선발대의 안전, 임무, 환영준비를 일본 측에 전달하였다.

선발대의 임무는 일본 당국에 대한 하지의 요구에 동의를 얻어

내는 것, 전방지휘소(ADCOM)를 세우는 것, 항복을 위한 예비계획을 세우는 것, 미군의 상륙과 이어질 숙박시설을 점검하는 것 등이었다.

제1차 인천상륙작전의 내용

1945년 9월의 인천상륙작전은 당시 일본군과 태평양에서 치열하게 전투를 진행하던 미군의 한반도 및 북중국에 대한 점령 작전인 캠퍼스&벨리거(CAMPUS & BELEAGER) 작전의 일환이었다.

캠퍼스&벨리거 작전의 목적은 일본, 한국, 중국의 주요 전략지역과 해안지역에 부대를 전개하는 것으로 일본군의 무장해제와 연합국 전쟁포로를 구출하는 것이었다. 이 작전은 일본의 해당 지역과 한국의 서울 및 주요 지역 그리고 중국의 해안 및 타이완 지역을 예상 지역으로 선정하였다.

이 임무는 미 제7함대의 제7상륙군(제78특수임무부대, Task Force 78)이 담당하였다. 이 부대의 임무는 다음과 같았다.

1) 한반도의 서울지역과 필요하다면 부산 및 군산-전주지역에 미 제

24군단의 상륙부대 배치

2) 북중국의 톈진과 칭타오 지역이나 상하이 지역에 제3해병상륙군

단의 부대 배치

3) 아군의 작전에 방해가 될 적의 잠수함에 대한 제거작전 수행

4) 전쟁포로와 억류자를 제7함대 사령관의 지시에 따라 후송작전 수행

5) 목표 지역에서 제7함대 사령관에 의해 점령정책이 완료되었다고

선언될 때까지 항구의 관리와 해군 지원을 위해 주둔군지위협정

(SOFA)을 수행할 사령관을 임명

미군의 추산에 의하면 당시 한반도 주변 일본군의 병력은 다음
과 같다. 먼저 만주-한국-중국 지역에 가용한 일본군 항공전력은 약
2,000대였다. 한국에 주둔한 지상 병력을 총 37만 5,000명으로 추
정했는데, 이 가운데 12만 명은 서울지역에 주둔하고 있었다. 북중
국의 일본 병력은 총 40만 명이었다.

인천상륙작전 준비와 부대 구성

상륙준비를 위해 미군은 다음과 같이 상륙지역에 대한 조사를 하였고 그 결과는 다음과 같았다. "인천은 서울에 인접한 항구로 약 60마일 떨어져 있다. 인천의 조수 간만의 차이는 약 30피트(약 9.2m)이다. 조류 역시 매우 빨라 약 8노트(시속 15km)이다. 간조 시에는 개펄이 넓게 펼쳐져 있다. 해안방어를 뚫고 이 지역에 상륙하려면 다수의 희생이 따를 것이다."

제7상륙군(제78특수임무부대)은 한반도 상륙을 위해 킬랜드(Kiland) 예비역 제독(준장)이 이끄는 제7수륙공격단(Amphibious Group)과 데이비스(Davis) 예비역 제독(준장)이 이끄는 제13수륙공격단의 지휘 하에 상륙준비를 하였다. 한국점령군인 제24군단의 구성은 다음과 같았다.

- 제24군단 – 9월 8일 인천에 상륙 – 하지 중장(Lt. General)
- 제7사단 – 9월 8일 인천에 상륙 – 레디(Ready) 준장(Brig. General)
- 제40사단 – 1개 연대는 인천, 나머지는 부산에 9월 22일 상륙 – 마이어스(Myers) 준장(Brig. General)
- 제6사단 – 10월 16일 인천에 상륙 – 허디스(Hurdis) 소장(Maj. General)

- 제308폭격단과 기타 부대 – 인천과 부산에 각각 9월 8일과 9월 20
  일에 상륙

한반도 상륙작전계획(해군작전명 CAMPUS, 육군작전명 BLACKLIST)은
1945년 8월 14일 마닐라에 있는 제7수륙양용군 사령관에 의해 주
도되었다. 그리고 5일 후 제7수륙양용군 참모가 제24군단 참모들과
의 협의를 위해 오키나와로 향했다.

한반도 상륙작전의 계획

한반도 상륙작전의 계획은 3단계로 구성되었다.

- 제1단계 – 서울지역의 점령
- 제2단계 – 부산지역의 점령
- 제3단계 – 군산-전주지역의 점령

제1단계 작전 개시일은 제7사단이 상륙하는 9월 11일로 정해졌
고, 제2단계와 제3단계는 제40사단과 제96사단의 상륙 날짜로 정해

졌다. 그러나 소련이 이미 38선 이북지역을 8월 말에 점령했기 때문에 미군은 좀 더 빨리 한반도 상륙을 결정해야 했다. 그래서 맥아더는 인천상륙을 9월 7일로 앞당겼다. 한반도 상륙을 위해 2개의 상륙부대가 작전을 구상했다. 오키나와에 있던 제7상륙군 사령관은 제24군단과 제7사단을 위한 세부계획을 마련하였고, 필리핀의 일로일로(Iloilo)에 있던 제13상륙군 사령관은 제40사단과 필리핀에 주둔중인 지원부대를 위한 세부계획을 작성하였다.

한반도 상륙작전에 가장 곤란한 문제는 바로 기뢰였다. 기뢰는 일본군과 미군 양쪽에 의해 대량으로 살포되었다. 일본군은 서해 입구와 대한해협 쪽에 광범위하게 기뢰를 부설했고, 미 전략공군은 제2차 세계대전 말기 부산과 다른 남한 항구에 자기 기뢰(Magnetic mines)를 뿌렸다. 이에 미 제5함대의 기뢰제거부대 소속 함정 20대가 서해의 고군산도를 중심으로 기뢰를 제거했다.

인천에 최초로 상륙한 이후 제24군단장 하지는 제40사단이 부산에 상륙해야 한다고 언급했다. 부산지역의 기뢰는 일본군에 의해 부설되었는데, 여기에 연합군이 전쟁 말기 설치한 기뢰도 상당했다. 이 지역 역시 미군의 기뢰제거 함정에 의해 소거되었다.

상륙작전의 전개와 점령의 개시

9월 8일 오전 8시 30분에 시작된 제7사단의 상륙이 오후 5시 30분에 완료되어 인천점령이 시작되었다. 제7사단은 아무런 저항을 받지 않고 상륙하였다. 많은 수의 무장한 일본장교와 병사들이 보였다. 선창 근방 시의 주요 교차로에는 검은 옷을 입은 경찰이 경비를 서고 있었다. 그들 중 일부는 말을 타고 있었고, 모두 총으로 무장하고, 착검을 한 상태였다.

9월 9일 오후 늦은 무렵 제7사단의 모든 주요 병력이 상륙했고, 그 후 인천지역은 제17보병연대에게 인계되었다. 미군의 이동은 한국인이나 일본인의 저항 없이 전체적으로 조용하게 진행되었다. 9월 9일 늦게 인천의 점령은 완료되었고, 상황은 철저하게 통제되었다.

인천상륙작전은 태풍의 영향 때문에 예정일이었던 9월 7일보다 하루 늦게 이루어졌고, 전체적으로 큰 무리 없이 완만하게 이루어졌다.

4장
하지와 주한미군 정부

일본에 대한 항복조인식과 맥아더 장군의 포고령

전범국인 일본에 대한 항복문서 조인 후 한반도에서도 조선총독부와 조선 주둔 일본군에 대한 항복조인식이 9월 9일 오후 4시에 총독부 제1회의실에서 개최되었다. 이 조인식에는 연합국 측 대표로 제24군단 사령관 하지 중장과 태평양 방면 해군사령관 킨케이드(Thomas C. Kinkaid) 대장이, 일본 측에서는 조선군관구 사령관 코즈키 요시오(上月良夫) 중장과 진해경비사령관 야마구치(山口儀三郎) 중장, 조선총독 아베(阿部信行)가 참석하였다.

이 자리에서 하지는 "태평양 방면 육군총사령관 맥아더 대장을 대신하여 나는 남조선지역에서 일본군의 항복을 받고자 조인을 시작하겠다."라고 선언했다. 정식으로 항복조인식이 끝나자 당일자로 하지는 한국인에게 고하는 성명을 발표했다. 이날 하지가 발표한 성명서는 다음과 같았다.

"조선인민제군이여!

태평양 방면 육군총사령관이요 연합국총사령관 맥아더 대장을 대신하여 나는 오늘 남조선지역에 일본군의 항복을 받았다. 주한미군사령관으로서 법률과 질서를 유지하는 동시에 조선의 경제상태를 앙양시키며 인민의 생명재산을 보호하며 기타 국제법에 의하여 점령군에게 과하여진 기타 제 의무를 이행하노니 점령지역에 있는 제군도 또한 의무를 다하여라. 나의 지휘 하에 있는 제군은 연합국군총사령관의 명령에 의하여 장차 발할 나의 명령을 엄숙히 지켜라. (중략)

제군은 평화를 유지하며 정직한 행동을 하여라. 이를 지키는 이상 공포의 念을 가질 필요는 없다. 만약 명령을 아니 지킨다든지 또는 혼란상태를 일으킨다면 나는 즉시 적당하다고 생각하는 수단을 취하겠노라. 이미 확정된 항복조건을 이행함에는 나는 시초에 있어서는 현 행정기구를 사용할 필요가 있노라. (중략) 신문, 라디오는 금후 곧 조선 사람을 위한 기관이 될 것이다. 나는 조선인 제군이 장구하고 또 귀중

한 역사를 가지고 있는 것을 아노라. 또 제군이 과거 수십 년간 제압 박 하에 신음하여 온 것도 잘 알며 제군의 대망이 무엇이라는 것도 잘 아는 바이며 제군이 생활상태 개선을 하루바삐 수행하고자 하는 제군 의 열망을 가슴 깊이 품고 있는 것도 잘 아노라."

이와 같은 하지의 성명에 뒤이은 다음날 10일 미국 태평양육군총 사령부 포고 제1호, 포고 제2호, 포고 제3호가 발표되었다. 맥아더 의 이름으로 발표된 포고 제1호는 다음과 같다.

조선주민에게 포고함
태평양미국육군최고지휘관으로서 아래와 같이 포고함.
일본국 천황과 정부와 대본영을 대표하여 서명한 항복문서의 조항에 의하여 본관 휘하의 연합군은 금일 북위 38도 이남의 조선지역을 점 령함.
오랫동안 조선인의 노예화된 사실과 적당한 시기에 조선을 해방·독 립시킬 결정을 고려한 결과 조선점령의 목적이 항복문서 조항이행과 조선인의 인권 및 종교상의 권리를 보호함에 있음을 조선인은 인식할 줄로 확신하고 이 목적을 위하여 적극적 원조와 협력을 요구함.
본관은 본관에게 부여된 태평양미국육군최고지휘관의 권한을 가지

고 이로부터 조선 북위 38도 이남의 지역과 동지의 주민에 대하여 군
정을 설립함에 따라서 점령에 관한 조건을 아래와 같이 포고함.

제1조　조선 북위 38도 이남의 지역과 주민에 대한 모든 행정권은 당
　　　분간 본관의 권한 하에서 실행함.

제2조　정부 공공단체 또는 기타의 명예직원과 고용과 또는 공익사
　　　업 공중위생을 포함한 공공사업에 종사하는 직원과 고용인은
　　　유·무급을 불문하고 또 기타 제반 중요한 직업에 종사하는
　　　자는 다른 명령이 있을 때까지 종래의 직무에 종사하고 또한
　　　모든 기록과 재산의 보관에 임해야 함.

제3조　주민은 본관 및 본관의 권한 하에서 발포한 명령에 신속히 복
　　　종할 것. 점령군에 대하여 반항행동을 하거나 또는 질서 보안
　　　을 교란하는 행위를 하는 자는 용서 없이 엄벌에 처함.

제4조　주민의 소유권은 이를 존중함. 주민은 본관의 별명이 있을 때
　　　까지 일상의 업무에 종사할 것.

제5조　군정기간 중 영어를 가지고 모든 목적에 사용하는 공용어로
　　　함. 영어와 조선어 또는 일본어 간에 해석 및 정의가 불명 또
　　　는 같지 아니할 때는 영어를 기본으로 함.

제6조　이후 공포하게 되는 포고 법령 규약 고시 지시 및 조례는 본관

또는 본관의 권한 하에서 발포하여 주민이 이행하여야 될 사항을 명기함.

위와 같이 포고함.

1945年 9月 7日
요코하마에서
태평양미국육군최고지휘관
미국육군대장 더글러스 맥아더

이어지는 포고 제2호는 범죄 및 법규위반에 관한 건이며, 포고 제3호는 통화에 관한 건이었다.

조선총독부의 폐지와 주한미군정청의 수립

1945년 9월 19일 조선총독부라는 명칭이 정식으로 폐지되고 주한미육군사령부군정청(USAMGIK)으로 개칭되었다. 남한 민정에 대한 정책지침이 1945년 10월 13일 확정되었고 이는 10월 17일 맥아더에게 하달되었다. SWNCC 176/8(초기 기본지령)은 1947년 7월에 새로운 민정지침으로서 하달된 SWNCC 176/29에 의해 대체될 때까지 미군정 조직과 민정업무 수행을 규정한 기본지령이 되었다. 미국이 구상한 한반도 전후처리 방안은 신탁통치 하의 국제민간행정기구 수립으로 집약할 수 있다.

「SWNCC 176/8: 한국의 미군 점령지역 내 민간행정에 관해 미육군태평양지구사령관에게 주는 초기 기본지령」인 이 문서는 1945년 10월 13일 삼부조정위원회가 최종 승인하였고, 10월 17일 맥아더 장군에게 전달되었다.

1945년 12월 24일 도쿄의 맥아더 사령부는 제24군단에 하달한 전문을 통해 한국의 중앙 군정조직으로 주한미군정을 수립할 것을 지시하였다. 이에 따라 1946년 1월 4일자로 전술점령군의 지휘계통과 독립된 별도의 조직으로서 '주한미군정'을 수립하였다.

5장
주한미군 철수와 대한민국 정부수립

한반도의 전략적 가치에 대한 이견

1947년부터 1949년까지 미국의 대한정책에 있어 군부와 국무부 사이에 첨예한 대립을 가져온 것은 철군문제였다. 철군문제가 처음으로 제기된 것은 1947년 초, 군부가 한반도의 전략적 가치에 대한 수정을 주장하며 제안하기 시작했을 때였다.

당시 워싱턴의 국무부와 군부 사이에 한반도의 전략적 가치에 대한 이견과 현지사령부인 하지 사령부의 철군에 대한 부정적 시각이 혼재되어 표출되고 있었다.

하지 장군은 소련군이 북한에 잔류하고 있는 동안 남침할 것이라고 판단하였다. 이러한 하지 장군의 견해와는 달리 맥아더 장군은 "나는 유엔에서 어떠한 행동이 취해질 때까지는 어떤 명확한 단독결정을 해서는 안 된다고 믿는다. 이 시점에서 미국에 의한 일방적인 행동은 한국 문제를 유엔에 상정하는 미국의 기본정책에 부합되지 않는다. 유엔에서 한국 문제가 상정된다면 그와 같은 문제는 협의해서 결정할 수 있을 것이다."라고 그의 견해를 워싱턴 당국에 밝혔다.

한국의 전략적 가치에 대한 문제 제기는 1947년 4월 29일 합동전략조사위원회(Joint Strategic Survey Committee)가 군사전략적 측면에서 대외 원조에 관한 보고서를 제출하면서 구체화되었다. 보고서에서 남한은 대외원조의 위급성에서 18개국 가운데 그리스, 터키, 이탈리아, 이란에 이어 5번째, 원조의 중요성에서 16개국 가운데 15위로, 종합하면 16개국 가운데 13위였다.

대한정책 문서 NSC 8

이러한 전략적 평가에 따라 1947년 5월 전쟁부장관 패터슨(Robert P. Patterson)은 국무장관에게 처음으로 주한미군 철수를 주장했다.

1947년 10월 육군부는 맥아더와 하지에게 철수와 관련해 한국군 창설문제가 워싱턴에서 검토되고 있음을 알리면서 이에 대한 견해를 제시하도록 요청했다. 이에 대해 하지는 북한군에 맞서 남한을 방어하기 위해서는 최소 6개 사단, 10만 명의 한국군을 창설해야 한다고 제안하였다. 그러나 맥아더는 한국 문제가 유엔에서 검토되고 있는 한, 미국에 의한 일방적 조치는 바람직하지 않으며 한국군 창설은 유엔총회의 결정 때까지 연기되어야 한다는 견해를 제시하였다.

1948년 4월 2일 NSC는 대한정책에 관한 문서 NSC 8을 작성하여 대통령에게 보고했다. 이 문서는 첫째, 극동에서의 미국의 정치·경제적 지위와 둘째, 유엔에서 미국과 관련된 국제 협약, 셋째, 한국에서의 미국 지위 재검토라는 3가지 문제를 다루고 있다.

NSC 8은 미국의 대한정책이 한국인들로 하여금 독립적인 국민정부를 수립하는 것을 목표로 한다고 밝혔다. 이러한 목표 하에 가능한 빨리 주한미군의 점령을 끝내는 것을 파생적인 목표로 삼았다. 그리고 1948년 현재 북한에는 소련제 무기로 무장한 조선인민군과 소련군이 잔류한 상태에서 한국군 역시 그 수에는 미치지 못하지만 꾸준한 병력 증강을 시도한다고 밝혔다. 그러나 현재 남한 과도정부를 통해 남한 행정에 다수의 남한 사람들이 참여하고 있지만 정치적 불안정이 심각한 문제점임을 지적했다.

그러나 주한미군 철수는 이미 기정사실화된 정책이었고 단지 국무부 요청에 의해 그 시기가 연장되었을 뿐이었다. 미 국무부는 주한미군의 조기 철수에 대해 미 육군부와 견해를 달리하였다. 1948년 11월 9일 미국 국무부 점령지역 차관보 살츠먼(Charles E. Saltzman)이 미 육군부 작전기획국장 웨드마이어(Albert C. Wedemeyer)에게 보내는 서한에는 유엔에 의한 어떤 조치가 취해지지 않는 한, 국무부는 주한미군 철수에 대해서 반대한다는 의견을 표명하였다.

그러나 이에 대해 육군부 차관 드레이퍼(William H. Draper, Jr)는 NSC 8에서 주장된 정책노선에 따라 미 육군은 예산배정상의 어려움과 주한미군의 전략적 이점이 없다는 맥아더의 의견을 제시하며 미군의 조속한 철수를 희망하였다. 즉 미국이 한국의 보호를 위해 대규모 전쟁을 무릅쓸 만큼 한국이 중요한 가치를 가지고 있는 것은 아니기 때문에 미군이 한국에 주둔해 있으면 아시아에서 군사적 분쟁이 일어날 경우 부담이 될 것이라고 주장했다.

1949년 1월 10일, 국방부는 맥아더에게 주한미군 철수에 대한 그의 견해를 요구했다. 1월 19일 합참에 제출한 답신에서, 맥아더는 한국군과 한국 경찰이 내부 질서를 유지할 수 있을 정도로 충분히 편성되었으므로 주한미군의 철수가 가능하다고 주장하며 그 시기를 5월까지 완료하자고 주장했다.

1949년 1월 25일 로열(Kenneth C. Royall) 미 육군부장관은 애치슨 (Dean G. Acheson) 국무장관에게 미군의 철군을 1949년 5월 10일로 확정하는 내용의 서한을 발송함으로써 미 국무부의 주한미군 잔류 요구를 거부했다. 이는 1949년 3월 22일 NSC 8/2로 미국의 공식적인 정책이 되었다.

주한미군 철수와 주한미군사고문단의 설치

1949년 1월 4일 딘(William F. Dean) 소장을 사단장으로 하는 제7사단은 공식적으로 남한에서 완전히 철수했다. 이어 1949년 1월 15일부로 주한 미24군단 사령부도 일본으로 철수하였다. 미 육군부는 6월 30일 주한미군의 완전철수를 공식적으로 발표하였다. 1948년 8월에 시작된 크랩애플(CRABAPPLE) 작전(주한미군 철수작전)은 1949년 6월 말에 완료되었다.

미국은 주한미군 철수 결정에 앞서 군사고문단 설치에 관한 준비를 하였다. 1948년 8월 24일 이승만 대통령과 하지 사이에 서명된 합의서에는 미군이 한국으로부터 철수하는 날까지는 잠정적으로 군에 대한 관할권을 보유하기로 약정되었다. 트루먼 미 대통령에 의해 주한미국대사로 임명된 무초(John J. Muccio)는 이 협정이 체결된 이틀 후인 1948년 8월 26일 주한미군사고문사절단을 설치하고 그 산하에 임시고문단(Provisional Military Advisory Group, PMAG)을 두어 군정청 소속의 고문관들을 흡수했다. PMAG의 단장에는 로버츠(William L. Roberts) 준장이 임명되었다. 1949년 1월 1일 미국은 정식으로 한국을 승인하였고, 1948년 8월 12일 이래 한국에 와 있던 무초 특사는 1949년 3월 21일 부로 주한 초대 미국대사로 임명되었다.

2부

한국전쟁의
발발과
인천상륙작전의
구상

1장
한국전쟁의 발발

북한군의 전면 남침과 당시 맥아더 사령부의 병력

1950년 6월 25일 오전 4시 북한은 '폭풍'이라는 암호명 아래 38선 연선에 배치한 전군에 남침명령을 하달했다. 하지만 당시 한국군의 상황은 주말 외출에 더해 38선 방어임무를 맡고 있던 4개 사단과 1개 연대 중 단지 4개 연대와 1개 대타이완이 실제로 전선에 위치하고 있었다.

옹진반도에서는 4시경 북한군 경비여단이 박격포탄을 발사하며 남하하였고, 북한군 제6사단이 대규모 공격을 감행하였으며, 철원에서는 북한군 제3사단과 제4사단이 제105전차여단의 지원 하에 의정부 방향으로 공격을 시작하였다. 한편 춘천 방면에서는 북한군 제7사단과 제2사단이 남하했으며, 동해안 쪽에서는 북한군 제5사단이 남쪽으로 공격하였다. 북한의 전면 남침의 시작이었다.

전쟁이 발발할 당시 극동군사령부에 부과된 특별 임무는 다음과 같았다. 1) 류큐와 일본의 방어, 2) 관할 구역 내에 해양·항공보급로 보호, 3) 타이완의 보호, 4) 태평양지역사령부·알래스카사령부·전략공군사령부 지원, 5) 필리핀 지원, 6) 주한 미국인의 안전보호를 위한 준비 확립 등이었고, 미 공군력은 적의 공군력을 무력화시키도록 계획되어 있었다.

당시 미 극동군사령관은 맥아더 원수였다. 그는 3가지의 주요 직책을 겸하고 있었는데 그 하나는 일본점령을 통할하는 13개 연합국 극동위원회의 연합국최고사령관(GHQ/SCAP), 태평양의 미 육·해·공군을 지휘하는 극동군사령관(CINCFE), 극동미 육군사령관(CINCAFPAC)이었다. 7월 8일 네 번째로 유엔군총사령관(CINCUNC)으로 임명되었고 극동군사령부는 유엔군사령부가 되었다.

미군의 병력과 극동군사령부의 실제 병력

1950년 6월 미 육군의 병력은 59만 1,000명, 10개 전투사단이었다. 육군의 긴급업무를 수행하기로 한 군대는 전략예비군이라 하였고, 1950년 6월 현재 주요부대는 제2기갑사단, 제2보병사단, 제3보병사단, 제2공수사단, 제11공수사단, 제3기갑연대, 제5전투단과 제14전투단이었다.

1949년 1월 1일 맥아더 장군 휘하의 병력은 겨우 12만 명에 불과하였다. 더욱 전투능력 면에서 본다면 1948년 4월 최저 수준에 있었다. 극동군사령부가 주로 전투병력으로 의존하고 있던 제8군도 8만 7,215명으로 되어 있었으나 실제 병력은 4만 5,561명에 불과하였고, 그것도 전투요원은 2만 6,494명밖에 되지 않았다.

1950년 6월 맥아더 장군의 전투병력은 일본에 있는 4개의 보병사단과 7개의 대공포대대, 오키나와에 있는 1개의 보병연대와 2개의 대공포대대에 불과하였다. 그 중에서 주 전투부대는 일본 중부지방에 있는 제1기병사단, 북부지방과 홋카이도에 위치한 제7보병사단, 큐슈의 제24보병사단, 남부 중앙에 위치한 제25보병사단, 오키나와에 있는 제9대공포여단들이었다. 극동군 예하의 주 전투부대인 제8군은 1950년 6월 25일경 원래 인가된 병력의 93퍼센트를 유지하고 있었다.

남침 소식의 전달과 극동군사령부의 대응

북한의 전면 남침 소식은 주한 미국대사 무초를 통해 미 국무부에
알려졌다. 무초는 주한미군사고문단의 보고에 기초해 북한군의 군
사행동이 새벽 4시에 시작되었고, 공격의 성격과 방법으로 보아 남
한에 대한 전면공격일 것이라고 보고했다.

시간적 지체가 있었지만 맥아더 사령부 역시 북한의 전면 남침 보
고를 확인했다. 맥아더 사령부는 "북한군이 옹진, 개성, 춘천 등 여러
지점에서 남한 영토를 침범해 왔으며, 강릉 남부 동해안에서는 수륙
양륙작전이 전개되었다. 한국 시각 11시에 북한방송은 선전포고를
하였다. 야크형 공군기가 서울 상공을 저공비행 정찰하였다는 보고
가 있다."고 미 육군부에 보고했다.

미 극동군사령관 맥아더는 1950년 6월 26일 한국에 조사단을 파
견하라는 지시를 받기까지는 미 군사고문단과 미 대사관에 대한 군
수지원 외에는 책임을 갖고 있지 않았다.

맥아더는 전쟁이 발발하자 군수지원을 명령했다. 이러한 조치는

맥아더 장군의 독단으로 취해졌다. 그는 6월 26일 오후 1시 30분까지 합참본부로부터 한국을 지원하라는 어떠한 지시도 받지 못하였다. 맥아더는 곧 극동군사령부의 13명의 참모와 2명의 사병으로 조사단을 구성하고 처치(John H. Church) 준장을 단장으로 임명하였다.

북한의 남침에 대한 미 정부의 초기 대응

트루먼 미 대통령은 6월 25일 주말 휴양지이던 미주리에서 급히 워싱턴으로 귀환하여 고위정책담당자들과 회의를 개최하였다. 이 자리에서 미국은 미 공군과 해군을 동원한 남한군의 지원과 타이완 해역에 미 제7함대 파견을 결정하였다.

한편 미 지상군의 투입을 최초로 제기한 인물은 주일 정치고문인 시볼드(William Sebald)였다. 국무부에 보낸 전문에서 그는 북한군의 침입을 격퇴시키지 못한다면 소련의 참전 위험이 있더라도 즉각 미군이 투입되어야 한다고 밝혔다.

6월 27일, 극동군사령부는 북한군의 능력으로 보아 24시간 이내에 서울이 점령당할 것으로 보았다. 극동군사령부 조사팀이 악화된 전황 때문에 되돌아왔고, 이를 뒷받침하는 주한미군사고문단의 보고를 전달하며, 극동군사령부는 한국군이 총체적인 붕괴에 임박해 있다고 평가했다. 또한 소련의 의도에 대한 정보가 부족하다고 밝히며, 극동군사령부의 본격적인 군사작전이 실행되면 소련의 보복행동이 일본이나 남한에 대해 이루어질 것으로 예측했다. 따라서 이러한 북한군의 공격이 동남아시아의 아시아 공산주의자들의 공격과 어떠한 연계가 있는지 조사 중이라고 보고했다. 6월 30일 육군부는 급히 1개 전투단을 부산으로 보낼 것을 지시했다.

6월 30일 합참은 극동군사령부 휘하의 해·공군을 동원하여 남한지역으로부터 북한군을 몰아내고, 군사적 목표물을 공격할 권한을 부여했다. 그리고 부산과 진해지역에 있는 항구와 비행장을 보호하라고 지시했다.

이 전문에는 추가적으로 타이완에 대한 중국군의 공격을 방어하도록 해·공군이 작전을 하라고도 했지만 이것이 중국 본토에 대한 공격의 빌미가 되어서는 안 된다는 것도 강조했다.

여기에 덧붙여 군사적 목표물에 한정한다면 비행장, 항구 등 북한지역에 대한 작전도 승인되었다. 그러면서도 합참은 만주와 소련에 접해 있는 국경지역에 대한 작전에는 특별한 주의를 기울일 것을 주문했다.

후에 문제가 제기되었지만 맥아더는 합참에 대한 정식보고를 통해 문제를 처리한 것은 아니었다. 즉 정식 보고 라인을 통한 상부의 지시에 의해 움직인 것이 아니라 전역사령관으로서 자신의 판단에 의거 이미 해·공군 작전에 대한 명령을 하달하였다. 맥아더는 전쟁이 발발하자 군수지원을 명령했다. 이러한 조치는 맥아더의 독단으로 취해졌다. 그는 6월 26일 오후 1시 30분까지 합참본부로부터 한국을 지원하라는 어떠한 지시도 받은 상태가 아니었다.

맥아더의 전선 시찰과 지상군 투입의 결정

전쟁이 발발한 지 4일 후인 6월 29일 맥아더가 한국전선에 도착했다. 그는 한강변까지 시찰한 후 도쿄로 돌아와 국방부에 "한국군은 반격작전의 능력이 없고, 더욱 위험한 상황이 되고 있으며, 적의 돌파가 지속된다면 남한은 무너질 것이다. 현재의 전선을 유지하기 위한 유일한 방법은 미 지상군을 투입하는 것이다. 이를 위해 일본의 2개 사단을 증파할 필요가 있다."고 보고했다.

제한전의 목적에 따라 전쟁을 국지화하려는 목적을 갖고 한국에 처음으로 진주한 부대가 바로 미 제24사단 제21연대 제1대대인 스미스 특수임무대대였다. 맥아더의 회고록에 의하면 스미스 특임대대는 북한군에게 미군의 참전을 공개적으로 알리고 북한군을 심리적으로 압박한다는 계산이 깔려 있었다. 그의 회고록에 의하면 "무엇보다도 시급한 문제는 괴뢰군이 한국 전체를 석권하기 전에 그 전진을 늦추는 일이었다. 이 목적을 달성할 수 있는 유일한 길은 비록 소규모의 병력일지라도 지상부대를 가급적 빠른 시간 안에 일선에 배치하여 미국의 지상부대가 전투에 참가하였다는 사실을 나타내는 일이었다. 그것으로 적의 사령관으로 하여금 조심스럽고 시간이 걸리는 방법을 취할 수밖에 없다는 전략을 계획하도록 하자는 것이었다. 이와 같은 방법으로 시간을 버는 동안에 나는 장래 작전기지로 사용할 수 있는 부대를 부산에 집결시킬 작정이었다."라고 기술되어 있다.

이 대대는 스미스(Charles B. Smith) 중령이 지휘하는 부대로서 한국전쟁에서 처음으로 공산군과 교전했다. 미 해·공군은 6월 27일 오후부터 적과 교전상태에 들어갔다. 하지만 지상군은 29일에 맥아더 원수가 수원에 도착한 후 트루먼 대통령이 전선 투입을 결정하고 나서야, 또한 병력이 일본에 있었기 때문에 7월 5일에야 북한군과의 지상전을 시작할 수 있었다.

1950년 6월 30일 맥아더는 미 제8군 사령관 워커(Walton H. Walker)에게 제24사단을 한국으로 급파하라고 구두로 명령하였다. 이는 제

24사단이 한국에 근접해 있기 때문이었다. 워커는 이를 작전명령 0315호로서 미 제24사 사단장 딘(William F. Dean)에게 즉시 예하부대를 한국전선으로 투입하라고 지시하였다. 이 명령에는 1) 대대장의 지휘 하에 4.2인치 박격포대와 75밀리미터 무반동소대를 갖춘 2개 중대의 병력을 급히 부산으로 파견하여 처치 준장의 명령을 받을 것, 2) 사단사령부와 1개 전투연대 역시 항공편으로 부산으로 파견할 것, 3) 나머지 사단의 예하부대는 해로로 뒤따를 것, 4) 사단사령부는 초기 공격 작전계획을 수립할 것 등이 포함되어 있었다.

2장
스미스 특임대대의 초기 분전

스미스 특임대대의 출동

1950년 7월 1일 오전 8시, 일본 이타즈케(板付) 미 공군기지의 미 제21연대 제1대대장 스미스 중령은 미 제24사 사단장 딘 소장에게 부대이동 준비완료를 보고하였고 딘 소장으로부터 대전지역으로 이동하라는 명령을 받았다. 스미스 중령은 C54수송기로 그의 부대원 406명과 함께 출동했다.

이 부대가 바로 한국전 발발 이후 북한군과 최초로 전투를 갖게 된 스미스 특임대대로 병사들은 대부분 20세 전후였으며 6명에 1명밖에는 전투경험이 없었다. 그러나 맥아더로부터 즉각 출동명령을 받은 딘 소장으로서는 그나마 사단 내에서 군기가 가장 확립되고 사기가 좋았던 이 부대를 선발로 선정할 수밖에 없었다.

스미스 부대는 7월 1일 오후 1시 부산 수영비행장에 도착하여 시민환영대회를 받은 후 오후 10시 부산을 출발, 7월 2일 오전 10시 대전에 도착하여 전선사령부 처치 준장에게 신고한 후 전방의 지형정찰을 나갔다. 7월 5일 오전 3시 스미스 부대는 오산 북방 5킬로미터 지점의 죽미령에 포진했다.

죽미령 전투

죽미령은 오산 북방 약 5킬로미터의 조그마한 능선으로서 중앙에 주봉인 반월봉(117m), 서측에 무명고지(90m), 동측에 92고지 등 3개의 고지군으로 되어 있었다. 90고지와 117고지 사이로 경부 국도가 지나가고 92고지 동측에는 경부철도가 있었다.

아침 8시 16분, 미군 포대가 탱크를 향해 포격을 시작하여 전투가 시작되었다. 북한군은 탱크 4대가 파괴되었지만 29대의 다른 탱크들은 미군 방어선을 돌파했고 3대의 탱크와 북한군 지원부대가 뒤따라 왔다. 오산에서의 접전은 미군의 출현만으로는 한국에서 군사적 균형을 반전시킬 수 없음을 보여 주었다.

죽미령에서 철수하면서 스미스 부대는 동쪽으로부터 적 공격에 병력이 분산되었고 모든 화기를 유기하는 등 많은 인원, 장비의 손실을 입었다. 이 부대들이 안성을 거쳐 천안에 집결했을 때 스미스 대대원의 전사, 부상, 실종을 합하여 총 손실은 150여 명에 달했다. 죽미령 전투는 미군과 북한군의 첫 전투로, 북한군으로서는 미 지상군의 참전이 확인된 전투였다.

이 전투는 맥아더가 미군의 대폭적인 증강 파병을 요청하는 계기가 되었다. 1950년 7월 9일 합참에 보내는 전문에서 맥아더는 한국전쟁의 상황이 긴박하다며 새로이 미군 4개 사단을 가능한 모든 수단을 이용하여 증원해 달라는 요구를 하였다.

3장
맥아더의 한강선 시찰과
크로마이트 작전 구상

맥아더의 상륙작전 초기 구상

1950년 6월 29일 서울이 함락되고 북한군의 진격이 가속화되자 한강 방어선을 시찰한 맥아더의 구상은 사단 규모의 병력에 의한 상륙을 감행하여 조기에 전쟁을 승리로 종결짓는다는 것이었다. 이것이 최초의 상륙작전 구상으로 알려지고 있다. 해수작전으로 적의 후방에 우회하여 보급병참선을 공격하는 일종의 '섬 건너뛰기 작전(Island Hopping Operation)'은 맥아더가 즐겨 사용하는 전법이었다.

이미 한국전쟁이 발발하기 이전에 맥아더는 점령지 일본의 지리적 특성을 고려하여 상륙작전의 필요성을 예견하고 1950년 봄에 극동 미 육군의 상륙전 교육을 위하여 필요한 지원을 제공해 주도록 미 해군 및 해병대에 요청했었다. 1950년 4월과 5월 사이에 미 해군·해병대로부터 3개의 교관단이 일본에 도착했고 일본 주둔 미군은 대대급까지 상륙작전에 관한 훈련을 하고 있었다.

블루하트 작전의 구상과 취소

상륙작전에 대한 필요성을 인식하고 이에 대해 꾸준히 준비한 것이 당시 맥아더로 하여금 한강 전선 시찰 후에 '블루하트(BLUEHEARTS)'라는 작전 구상을 가능하게 한 것으로 보인다. 7월 4일 극동군사령부 회의실에는 육·해·공군 대표자가 참석한 가운데 맥아더와 알몬드가 상륙지점에 관해 토의를 하였으며 '블루하트'라는 작전이 계획되고 작전일자는 7월 22일로 결정되었다. 즉 극동 미군사령부 G-3 참모 라이트(Edwin K. Wright) 준장 통제 하에 있는 합동전략기획단(Joint Strategic Planning and Operations Group, JSPOG)이 전선 남쪽에서 미 제24사단 및 제25사단으로 반격작전을, 미 해병 1개 연대전투단 및 미 제1기병 사단을 돌격상륙부대로 삼아 상륙작전을 감행한다는 내용이었다. 7월 6일 극동군사령부는 게이(Hobart R. Gay) 소장을 불러 인천에 상륙할 준비를 하라고 지시하였다. 그러나 이는 전선상황의 급속한 악화로 7월 8일에 중단되었고 블루하트 계획은 7월 10일 무효화되었다.

인천상륙작전의 재구상

맥아더는 상륙지역으로 인천을 강조하였으나, 동시에 다른 지역에 대해서도 그 가능성을 연구, 검토하도록 지시하였다. 합동전략계획단은 인천·군산·해주·진남포·원산·주문진 등 가능한 모든 해안지역을 일단 대상으로 검토하고 상이한 몇 개의 계획을 발전시켰다.

이 초안이 7월 23일 미 극동군사령부 관계 참모들에게 회람되었다. 크로마이트라는 작전 명칭으로 9월 중에 실시 예정인 이 상륙작전은 1) 서해안의 인천지역에 상륙할 100-B계획, 2) 서해안의 군산에 상륙할 100-C 계획, 3) 동해안의 주문진 일대에 상륙할 100-D 계획 등 3개안으로 마련되어 있었다.

1950년 7월 24일 맥아더는 도쿄에 유엔군사령부를 설치하라고 지시하였다. 거의 예외 없이 극동군사령부의 참모진이 유엔군사령부에 대응한 직책의 참모에 임명되었다. 사실상 유엔군사령부는 부가적인 임무를 더 부여받은 극동군사령부 그대로였다. 맥아더는 도쿄에 정식으로 유엔군 사령부를 설치하고 다음날 유엔군 성명서 1호를 발표하였다.

맥아더는 상륙작전을 위한 군단참모 구성에 앞서서 극동군사령부 참모들로부터 인원을 차출하여 임시 계획 참모진을 편성할 것을 지시하였다. 8월 15일 이 편성의 본래 목적을 감추기 위하여 그는 이 새로운 참모진을 극동군사령부 내의 특별계획 참모부(Special Planning Staff)라고 명명하였다. 그리고 참모장에 러프너(Clark L. Ruffner) 소장을 임명했다. 사실상 맥아더는 알몬드를 위시하여 다른 참모들을 극동군사령부의 참모부로부터 빌려서 상륙작전을 위한 군단사령부를 구성하였던 것이다.

결국 합동전략기획단은 8월 12일 극동군사령부 작전계획 100-B를 하달하였다. 목표 지역은 인천–서울지역이 특별히 지정되었으며 잠정적인 D-Day는 9월 15일이었다. 1950년 가을 인천 해안에서 상륙작전이 가능한 일자라고는 9월 15일, 10월 11일, 11월 3일과 이 날짜들을 포함하여 전후 2~3일 뿐이었다. 이미 1944년에 일본에 대한 총공격 계획 시 인천상륙작전을 준비했던 미군으로서는 인천지역의 자연환경에 대한 데이터를 충분히 확보하고 있었다. 이에 따르면 10월은 기후관계상 인천에 상륙하기가 너무 늦은 시기이다. 5월과 8월 사이에는 인천의 만조 때 수면이 비교적 낮고, 10월에서 이듬해 3월 사이는 비교적 수면이 높다. 9월은 전환기로서 인원과 장비를 상륙시키는 데 적합한 조건을 갖춘 유일한 달이었다. 이렇게 기후상황에 의하여 작전 개시일자가 9월 15일로 결정되었다.

즉 이 지역의 높은 조수간만의 차이 때문에 해안 근방에 대기한 병력이 다음 만조 때까지 12시간 동안 기다려야 된다는 얘기였다. 9월 15일의 만조시간은 오전 6시 50분과 오후 5시 20분이었다.

4장

대작전의 발판 – 팔미도 정보작전

트루디 잭슨 작전의 준비

앞에서도 언급했지만 인천상륙작전은 8월 12일에 계획되었고, 약 1달 간의 준비과정을 거쳐 9월 15일에 전격적으로 실시되었다. 그런데 현재 우리는 인천상륙작전의 전투사적 내용과 전개과정을 어느 정도 알고 있을 뿐 그 이면사에 있어서는 제대로 알고 있지 못하다. 여기서는 인천상륙작전 준비를 위한 예비계획인 트루디 잭슨(Trudy Jackson) 작전에 대해 살펴보도록 하자.

먼저 팔미도 정보작전에 대해 정리해 보면 다음과 같다. 팔미도 정보작전은 미 극동군사령부 산하 G-2에 의해 준비되고 운용되었다. 미국의 팔미도 정보작전의 책임자는 당시 해군대위였던 클라크 (Eugene F. Clark) 대위였다. 클라크는 수병으로부터 승진한 사람으로 태평양전쟁에 참여하였고, 중국 전역에도 참가한 노련한 정보 전문가였다. 특히 그는 태평양전쟁에서 수차례에 걸쳐 상륙작전에 참여하기도 하였다. 그는 극동군사령부 정보참모부에서 인천항의 정찰 문제가 논의되고 있을 때 제일 먼저 선발된 사람으로 8월 26일 비밀 회의에 참석하였다. 이미 클라크는 7월부터 크로마이트 작전에 종사하고 있었다.

이후 5일 동안 클라크는 CIA와 함께 트루디 잭슨 작전으로 불린 인천 앞바다 정보작전에 대해 협의하였다.

클라크 첩보대의 활약

클라크는 작전 준비를 위해 한국인 동료인 연정, 계인주 및 한국인 지원자 10명과 합류하여 출항준비를 하였다. 이들은 1950년 8월 31일 영국 순양함 자메이카호의 엄호를 받으면서 영국 구축함 채리티 (charity)호를 타고 인천으로 향했다. 클라크 첩보대는 9월 1일 덕적도 근해에 도착하여 한국 해군 PC-703호로 옮겨 타고, 영흥도 근해로 진입하여 이곳에 상륙하였다. 당시 영흥도는 대부도에 인접해 있었으나, 북한군은 주로 대부도에 진주해 있었고, 영흥도에는 진주하지 않았다. 특히 영흥도는 대무의도와의 중간지점에 팔미도가 위치해 있는 지리적으로 매우 유용한 섬이었다. 이곳에서 클라크 첩보대는 청년단을 조직하고, 이들을 편성하여 경계근무를 세웠다. 영흥도를 첩보대의 근거지로 정한 후 이들은 주변 지역의 정찰에 나섰다.

클라크 첩보대는 첩보 수집을 위해 이들 청년단원들을 월미도, 인천 및 서울 시내까지 파견하여 북한군의 해안포대의 수량 및 배치, 그리고 북한군의 병력상황 등의 정보를 탐지하였다. 클라크 첩보대가 매일 밤 맥아더 사령부에 보고한 내용은 인천부두의 참호, 월미도의 고사포 및 기관총 진지, 소월미도의 곡사포 배치, 해안의 중포 배치 등이었다. 그들은 이와 함께 인천 앞바다의 조수간만의 제원 등도 조사하여 보고하였다.

팔미도 등대의 점화

9월 10일에는 배를 타고 비어수로를 거슬러 올라가 수로에 있는 유일한 표지인 팔미도의 등대를 정찰하였다. 팔미도에 상륙하여 무인 등대를 점검한 클라크 첩보대는 등대의 사용에는 이상이 없다는 점을 확인하고, 이를 도쿄에 타전하였다. 즉 등대의 상황이 온전하다는 점과 상륙할 때 필요하다면 이를 점화할 수 있다는 내용이었다. 그러자 맥아더 사령부에서는 9월 15일 0시에 팔미도의 등대를 점화하라는 명령을 내렸다.

9월 14일이 되자 클라크 첩보대는 명령대로 팔미도에 상륙하여 지정된 시간에 등대에 점화하였고, 이를 발판으로 유엔군의 함대가 비어수로를 통해 상륙작전을 개시하여 성공하였다. 이를 계기로 클라크는 후에 은성(Silver star)메달을 받았다.

5장
제2차 인천상륙작전의 준비

제10군단의 창설

본격적인 작전 준비를 위해서는 우선 상륙부대의 선정이 우선시되었다. 당시 미 제7사단은 낙동강 전선에 있는 제24, 25사단에 인원이 차출되어 심각한 병력부족 현상을 겪고 있었다. 따라서 8월 11일 맥아더는 워커에게 미 제7사단의 부족 병력을 보충하기 위한 방법으로 한국군 약 7,000명을 확보하여 일본으로 보내도록 긴급 지시하였다.

이에 대해 북한은 이후 공식전사에서 일본군 6,000여명이 인천상륙작전에 참가한 것으로 판단하였다. 하지만 실제로는 한국군이 일본으로 이동, 훈련을 받고 배치된 것을 일본군의 공식 참전으로 오해한 것이다. 즉 당시 전우조(Buddy System) 편성으로 인해 미 제7사단에는 8,000여명이 넘는 한국군이 미군에 배속되어 있었는데, 북한의 공식전사는 이를 두고 일본군의 배치로 오해한 것이다. 8월 21일 맥아더는 자신의 관할 하에 있는 가용 인력으로 미 제10군단 사령부를 설치하는 문제를 미 육군부에 건의하여 승인을 받았다.

상륙지역에 대한 내부적 반발과 조율

인천상륙작전의 구상은 북한군의 모든 역량이 낙동강 전선에 집중되어 있고 인천에 대한 방어능력은 극히 미약하며 북한의 증원 또한 기대될 수 없으리라는 가정을 전제로 한 것이었다. 맥아더는 전략적·심리적·정치적 이유를 들어 서울을 신속히 탈환해야 한다는 점을 강조했다. 이는 서울이 한국의 상업중심지이고 주요 도로와 철도의 주요 교착지점이기 때문이었다. 서울의 주요 도로는 남으로 대전, 동남쪽으로는 충주와 부산, 서로는 인천, 북서로는 평양, 북동으로는 원산에 이르렀다.

맥아더는 군산은 북한군의 병참선을 차단할 수 없을 뿐만 아니라 북한군이 조금만 물러서면 뜻하는 대로 포위할 수 없게 된다고 주장했다. 북한 또한 인천상륙은 불가능하다고 볼 것이기 때문에 이 지역의 방어에 소홀할 것이라고 확신했다.

8월 22일 미 해병 제1사단장인 스미스(Oliver P. Smith) 소장은 인천보다 남쪽으로 20마일 지점에 있던 오산 서쪽에 위치한 포승면을 제시했다. 그러나 알몬드는 인천에는 적의 조직적인 병력이 없고 상륙지점과 날짜가 이미 확정되었다는 점을 들어 반대했다. 맥아더 또한 북한군이 전 병력을 낙동강 지역 전투에 투입하고 있기 때문에 상륙부대인 해병대는 별로 큰 저항을 받지 않을 것이라는 알몬드의 의견을 지지했다.

1950년 8월 23일 도쿄의 사령부에서 가진 브리핑에서는 육군 측에서 맥아더를 위시한 콜린스(Lawton J. Collins) 대장, 알몬드 장군, 라이트 장군이 참석하였고, 해군에서는 셔먼(Forrest P. Sherman) 제독을 비롯하여 조이, 스트러블(Arthur D. Struble), 도일(James H. Doyle) 제독이 참석하였다. 여기서 다시 맥아더는 적의 병참선상 가장 중요한 지점이 바로 인천–서울지역이고 한국의 수도를 다시 탈환함으로써 얻을 수 있는 정치적·심리적인 이점을 들어 작전 강행을 주장했다.

상륙작전의 본격적인 준비

8월 24일 인천상륙작전의 지원을 위한 새로운 사령부가 설치되었다. 제8군 사령부 자리에 극동군주일군수사령부(Japan Logistical Command, JLC)를 설치하고 사령관에 웨이블(Walter L. Weible) 장군을 임명했다. 그리고 27일 미 극동공군과 극동해군을 유엔군사령부의 예하기구로 통합하여 유엔군총사령관의 지휘 하에 두었다.

그리고 9월 1일 인천상륙작전의 명칭을 크로마이트(CHROMITE) 작전이라고 부여하였다. 부산 교두보선에는 남쪽부터 미 제25사단, 미 제24사단, 미 제1기갑사단, 한국군 제1사단, 제5사단, 제8사단, 수도사단, 그리고 동해안에 제3사단이 순서대로 배치되었다. 당시 1950년 9월 1일 유엔군 산하에 있었던 총병력은 18만 명으로 미군 7만 8,000명, 국군 9만 1,000명, 기타 1만 명이었다.

반면 8월 28일 미 제10군단의 정보 판단에 따르면 서울의 적 병력 규모는 약 5,000명, 인천에는 약 1,000명 그리고 김포비행장 500명 정도로 추정되었다.

3부

제2차
인천상륙작전

1장
인천상륙작전의 임무와 장애

상륙작전의 임무와 구성

상륙작전을 위해 준비하고 있는 상륙군의 임무와 과업은 다음과 같이 정리되었다. 첫째, 안전하게 인천항만의 확보와 해안 교두보를 확보하고, 둘째, 해안 교두보 확보 후에 신속하게 동쪽으로 진출하여 김포비행장을 확보하며 경인가도를 탈취하고, 셋째, 영등포를 통해 한강 남쪽으로 접근하여 이를 도하하고, 넷째, 중앙청 및 북쪽으로 진격하여 수도 서울의 상징적인 건물을 탈취하고 탈환하는 것이다. 그리고 마지막으로 남쪽에서 북상하는 미 제8군과의 연결작전이 완료될 수 있도록 수원 방면으로 진격 및 북상하는 북한군의 차단 진지를 마련하는 것이었다.

이러한 주요한 임무를 수행하기 위해 상륙군은 작전을 개시하였다. 1950년 9월 5일 인천을 목표로 상륙전대가 요코하마를 출항하였다.

인천상륙작전을 수행하게 될 제7합동기동부대는 다음과 같이 구성되었다.

- TF-90 공격부대 미 해군소장 도일
- TF-92 제10군단 미 육군소장 알몬드
- TF-91 봉쇄·엄호작전 영 해군소장 앤드류스
- TF-99 초계·정찰부대 미 해군소장 헨더슨
- TF-77 고속항모부대 미 해군소장 어윈
- TF-79 군수지원부대 미 해군대령 오스틴

인천상륙작전을 위해 동원된 함정의 총수는 230척이고 여기에는 미 해군과 우리나라 해군을 비롯하여 영국, 캐나다, 호주, 뉴질랜드, 프랑스, 네덜란드 등의 해군 함정이 포함되어 있었다.

상륙작전의 두 가지 장애

인천상륙작전을 감행하기 위해 가장 중요한 것은 자연장애에 대한 극복이었다. 특히 인천으로 향하는 군함에게 가장 문제가 되는 것은 좁은 수로와 기뢰였다. 서해에서 인천으로 접근하기 위해서는 여러 작은 섬들과 암초 그리고 모래톱과 갯벌이라는 자연장애가 가장 큰 위험이었다. 또한 북한군이 설치했을 기뢰 역시 상륙을 위해 해안에 접근해야 할 연합군에게는 커다란 문제였다.

이러한 자연적 제약으로 인해 인천 해안으로 접근하기 위해서는 덕적도와 영흥도 사이 두 개의 수로만 이용할 수 있었다. 특히 두 개의 수로 중 서쪽은 여러 가지 장애와 조류 때문에 위험이 높아 대부분의 선박들은 동쪽 수로를 이용하였다.

또한 이 수로들은 팔미도 전방에서 합류되고 이후 인천항에 이르기까지 약 15킬로미터를 하나의 수로를 이용하여 북상해야 월미도에 다가서게 된다. 월미도는 방파제로 인천과 연결되어 있는 섬으로 남쪽의 소월미도와 이어져 내항을 형성하고 있다. 이 월미도는 해상으로부터의 항만 접근로를 감시할 수 있는 요새였다. 따라서 북한군도 이 지역을 중요시하여 동굴화된 포진지와 참호들로 지키고 있었다.

또 하나의 중요한 문제는 바로 기뢰문제였다. 당시 정보 보고에 의하면 북한은 이미 소련으로부터 약 4,000여 개 이상의 기뢰를 반입하여 이를 원산과 진남포에 부설하고, 그 일부를 인천, 군산 등지에 부설할 것으로 예측되었다.

좁은 수로에서 230척에 달하는 대부대의 선도 함정이 만일 기뢰에 접촉하여 침몰할 경우 후속 함정은 오도 가도 못할 상황에 빠지게 되고, 이는 적들로 하여금 해안 공격을 가능하게 함과 동시에 연합국에게는 치명적인 실패의 위험성을 내포하게 하는 문제였다.

그러나 후에 밝혀진 북한군의 부설 기뢰는 9월 13일 인천 수로에서 발견된 12개의 수로가 전부였다. 이를 통해 볼 때 북한은 인천 앞바다에 기뢰 매설을 거의 하지 않았다는 것을 반증한다. 일부 학자들이 주장하듯이 북한이 인천상륙작전에 대한 정보를 미리 알고 있었는지에 대한 중요한 판단 기준이 되는 것이다.

2장
인천상륙작전의 전개

월미도 공격

1950년 9월 12일 미·영 혼성의 기습부대가 군산에 양동작전을 감행하고 동해안 전대는 9월 14일과 15일 삼척 일대에 맹포격을 가하며 인천상륙작전이 시작되었다. 동해안 지역의 포격에는 전함 미주리호가 가세하여 그 위용을 드러냈다.

9월 15일 첫 자정이 지나자 구축함을 선두로 한 공격부대가 인천 수로로 진입하였다. 구축함과 순양함 이외에도 3척의 로켓포함을 장착하고 맥아더 장군이 탑승한 공격부대 기함 마운트매킨리호도 동행하였다.

오전 5시 45분경 구축함이 월미도에 포격을 시작했고, 30분이 지난 6시 15분 로켓포함이 해안에 포격을 가하기 시작하였다. 이 렇게 로켓포함이 월미도에 포격을 가하는 동안 상륙정에 탑승한 미 제5해병연대 제3대대가 공격 개시선을 통과하였다. 이들은 적의 아 무런 저항도 받지 않고 오전 6시 33분에 월미도 해안에 상륙하였다. 이어 제2상륙부대 및 제3상륙부대가 월미도 해안에 차례로 상륙하 였다. 이들은 북한군의 수류탄 공격을 받기도 하였으나, 이는 매우 미미하였다.

소월미도 공격

상륙 후 1시간이 지난 오전 7시 45분 미 해병대대장은 월미도를 완 전 확보했다고 보고했다. 소월미도에 대한 공격은 오전 10시경에 시 작되었다. 월미도 남쪽으로 1킬로미터 정도의 방파제로 연결된 소 월미도는 약 1개 소대의 북한군 병력이 방어하고 있었다. 제5해병연 대 제3대대의 1개 소대가 공격하여 1시간에 걸친 격전 끝에 이를 확 보하였다. 월미도와 소월미도에 대한 소탕작전은 정오경 완전히 정 리되었다.

포로들의 진술에 의하면 월미도와 소월미도에는 제918해안포연대 제2대대의 2개 포대 지원을 받는 북한군 육전대 소속 제226연대의 예하 부대 약 400명이 있었던 것으로 확인되었다. 인천상륙작전으로 미군은 손쉽게 교두보를 확보했다. 9월 16일 미 해병사단이 전진 교두보를 확보하고 본격적인 진격작전의 토대를 마련할 때까지의 총 손실은 전사자 4명과 부상자 21명뿐이었다. 완벽한 상륙작전의 성공이었다.

3장
월미도를 넘어 인천, 그리고 서울로

상륙부대의 상륙

월미도의 상륙작전 성공 이후 공격부대 사령관 도일(James H. Doyle) 소장은 오후 2시 45분 상륙부대의 상륙을 명령하였다. 여기에는 미 제5해병연대와 이에 배속된 한국 해병 제3대대, 미 제1해병연대가 참여하였다. 이들은 500정이 넘는 상륙 주정과 수륙양용 차량에 탑승하여 상륙 준비를 완료하였다.

함포와 더불어 잘 짜인 계획에 따라 미 해군·해병대 항공기들이 해안에 대한 폭격을 시작하였다. 미 제5해병연대와 미 제1해병연대가 중심이 된 상륙부대는 공격 개시선에서 상륙작전을 전개했다. 각각 작전구역인 적색해안과 청색해안에 상륙해야 할 각각의 부대 공격 개시선은 적색해안은 2킬로미터, 청색해안은 5킬로미터에 설정되어 있었다.

미 제5해병연대와 한국 해병 제3대대는 인천과 월미도로 이어지는 방파제 북쪽으로 상륙하여 인천역 및 지금의 자유공원 지역 쪽으로 상륙하여 점령하는 것이 주 임무였다. 이들은 10시경에 목표지역을 점령하였다.

청색해안으로의 상륙작전 임무를 부여받은 미 제1해병연대는 서울로 향하는 경인가도가 위치한 동인천역 및 수봉산 지역 쪽으로 상륙하는 것이 주 임무였다. 그러나 미 제1해병연대는 조류의 영향으로 인해 상륙에 많은 어려움을 겪게 되었다. 결국 이들은 목표지역을 새벽 1시경에야 점령할 수 있었다.

지원부대의 상륙

9월 15일 중 인천에 병력 약 1만 3,000명에 450대의 차량을 포함한 장비와 보급품이 양륙되었다. 이러한 속도로 상륙이 이루어질 경우 연합군 모든 부대가 상륙을 하려면 적어도 5일이 예상되었다. 특히 한강도하 장비와 기타 상륙부대 및 지원부대의 필수품을 해상수송하기 위해서는 상당한 시일이 필요하였다.

전형적인 상륙작전에 있어 군수기능은 대단히 복잡하고 어렵다는 것이 일반적이다. 청색해안은 9월 16일 오후 9시에 폐쇄되었다. 그리고 9월 16일까지의 양륙 현황은 병력이 1만 5,000명, 차량 1,500대 그리고 화물이 1,200톤이다. 장차 군수지원 면에서의 초점은 인천 내항 시설의 복구 및 활용 여부에 있었다.

인천지역의 회복과 서울로 진격

상륙작전을 성공적으로 이끈 미 해병사단은 9월 16일 인천 시가지 소탕작전을 시작하였다. 이는 상륙지역에 대한 방어적 측면뿐만 아니라 경인가도를 통해 서울로 진출할 경우 후방지역을 안전하게 확보한다는 측면에서도 중요한 것이었다.

인천지역의 소탕작전은 미미한 피해를 입고 성공적으로 완수되었다. 다음으로 중요한 문제는 김포비행장의 조기 확보였다. 김포 비행장은 한강 이북으로의 작전 수행을 위한 교두보를 확보하는 측면에서도 매우 중요한 전략적 요충지였다. 또한 공격 목표가 분산되기는 하였으나 경인가도를 축으로 하는 지역으로의 진출도 중요한 문제였다. 영등포로의 진출을 통해 한강 이북으로의 작전지역을 넓혀 나가기 위해 반드시 확보해야 하는 것이었다.

김포비행장 탈환 임무는 미 해병 제5연대에 주어졌다. 그런데 김포비행장을 탈취하기 위해서는 먼저 부평지역에 대한 선점이 필요하였다. 미 해병 제5연대는 부평지역의 작전을 실행한 후 김포비행장 탈환작전을 전개하여 저녁 7시경 이를 완료하였다.

제5연대가 부평과 김포비행장을 탈환하기 위해 작전을 진행하는 동안 미 해병 제1연대는 경인국도를 따라 영등포를 향해 진출하였다. 결국 9월 18일경 미 해병 제1연대는 소사 동쪽 지역의 원미산을 탈환함으로써 인천지역을 완전히 수복하였다. 인천지역의 완전 수복과 함께 인천 시정도 어느 정도 복구되어 시정 개회식이 거행되었다.

9월 18일 제10군단은 작전명령 제1호를 내려 미 해병사단이 서울 시가지를 탈환하게 하기 위해 9월 20일 한강도하작전을 감행하도록 지시하였다.

4장
인천상륙작전에 대한
사전인지설과 오류

인천상륙작전은 기습이 아니었는가

인천상륙작전에 대한 기존의 평가는 이 작전이 완전한 기습이었고
북한은 이 작전에 대해 어떠한 대비도 하지 못했다는 것이었다. 그
러나 일부 학자들에 의해 새로운 평가가 내려졌는데, 이 내용에는
북한의 최고수뇌부가 이미 1950년 8월 21일 국군과 미군의 인천지
역 상륙기도에 대해 상당히 인지하여 해안상륙에 대비한 명령을 하
달했고 8월 28일 김일성의 명령으로 인천지구에 대한 방어작전이
개시되었다고 평가했다. 따라서 인천상륙작전은 기습이 아니라 이
미 북한 지도부가 철저하게 대비하고 있었다는 것이다.

북한의 사전인지설

북한의 『조국해방전쟁사』에 의하면 김일성은 서울-인천지역을 점령했을 때부터 미군이 북한군의 전선과 후방을 차단할 목적으로 인천에 대한 대규모적인 상륙작전을 감행할 수 있을 것이라고 예상하고 1950년 7월 경기도 방어지역군사위원회를 조직했고 특히 인천-서울지역의 해안방어를 강화하도록 지시했다고 한다.

그러나 이러한 김일성의 지시에도 불구하고 당시 경기도 방어지역군사위원회의 책임자인 이승엽과 '반당반혁명종파분자'들은 인천, 서울 지구 방어를 강화하는 그 어떤 실제적 조치도 하지 않았다고 주장하고 있다. 특히 낙동강 전선으로부터 주력부대를 인천 방향으로 기동하라는 김일성의 명령을 당시 군단장이었던 김웅이 고의적으로 집행하지 않아 서울지구 방어에 심대한 난관을 조성했다는 것이다.

당시 전선사령관 김책이 지휘하던 낙동강전선의 인민군은 전선사령부를 김천에 두고 1개 전차사단 및 2개 전차여단의 지원 하에 총 13개 보병사단이 마산에서 포항까지 전개하고 있었으며 그 병력은 10만 명에 달하는 것으로 미 제8군 사령부는 판단하고 있었다. 그 가운데 제1군단에는 김웅 중장의 지휘 아래 제2, 4, 6, 7, 9, 10사단

등 6개 사단이 배치되어 있었고 제2군단에는 무정 중장 아래 제1, 5, 8, 12, 15사단이 배치되어 있었다.

중국의 사전인지설

이러한 주장 이외에도 최근에는 인천상륙작전에 대해 중국 지도부가 정확히 예측하고 있었다는 주장도 있다. 당시 북한의 전쟁수행능력을 주의 깊게 관찰하고 있던 저우언라이는 마오쩌둥과 중국 지도부가 작성한 한반도의 정치·군사 상황에 관한 평가를 소련 정부에 전달할 것을 요청했다. 중국 측 평가에 의하면 미국은 일본점령 주둔군 12만 명 중 약 6만 명을 한국에 투입할 수 있으며 이 병력들은 부산, 목포, 마산 등의 항구에 상륙하여 철도를 따라 북으로 진격할 수 있을 것이라고 지적했다.

따라서 북한군은 이 항구들을 점령할 수 있도록 남으로 신속히 진군해야 한다고 설명했다. 이후에도 중국은 북한에 여러 번 상륙작전에 대한 주의를 주었다. 그러나 마오쩌둥 역시 특별히 인천상륙작전에 대해 구체적인 정보를 알고 있던 것은 아니었다.

후에 확인된 사실에 의하면 중국은 7~9월 사이 세 차례에 걸쳐 북한 최고지도부에 미군의 상륙작전에 대해 주의를 준 것으로 알려졌다. 어떤 학자에 따르면 마오쩌둥이 "7월 중순과 하순, 그리고 9월 중순에 우리는 세 차례에 걸쳐 조선 동지들에게 적들이 해상으로부터 인천과 서울로 쳐들어와 인민군의 뒷길을 끊어놓을 위험이 있으며, 따라서 인민군은 이에 대한 충분한 준비를 하여야 하며 적절히 북쪽으로 철수하여 주력을 보존하고 장기전에서 승리할 준비를 해야 한다."고 충고했다고 전한다.

최근 중국이 발간한 한국전쟁에 관한 연구서에 따르면 중국은 미군이 인천상륙작전을 감행할 것을 정확히 예측했다고 한다. 1950년 8월 23일 총참모부 작전실 주임 레이잉푸가 마오쩌둥과 저우언라이에게 유엔군이 인천에 상륙해 올 가능성에 대한 보고서를 제출했다는 것이다. 레이잉푸는 나중에 발표한 증언록에서 유엔군이 인천에 상륙작전을 행할 가능성을 총참모부 작전실이 정리했다고 지적했다.

사전인지설의 오류

그러나 이 내용은 다양한 각도에서 분석을 요한다. 중국 지도부가 인천지역만을 선택해서 정보를 준 것은 아니었기 때문이다. 인천지역 이외에도 상륙할 가능성이 있는 지점 모두에 대한 주의를 요구했기 때문에 이 역시 주의를 받지는 못했다. 낙동강 방어선에 대한 과도한 집중이 결국 후방에 대한 방어를 소홀히 만든 것이었다.

만약 북한이나 중국이 미군의 상륙작전을 알았다면 실제 인천상륙작전 시 인천 앞바다에 부설된 기뢰의 숫자가 터무니없이 적었다는 사실을 이해하기 어렵다.

김일성은 7월 9일 친필서명으로 북한주재 소련 특명전권대사 슈티코프에게 해안방어를 위한 지원을 요청했다. 그는 이 서신에서 해안저지용 수뢰 2,000개와 어뢰정 10척, 그리고 어뢰정용 어뢰 3개의 전투 정량을 요청했다.

만약 북한이 인천상륙작전에 대한 인식이 있었다면 왜 인천 수로에 기뢰를 12개밖에 설치하지 않았을까? 즉 김일성이 요청한 수뢰는 인천지역에서 거의 사용되지 않았던 것이다. 이는 당시 북한군 수뇌부가 대규모의 연합군 상륙작전을 인지하지 못하고 있었다는 것을 보여 주는 예가 된다.

이는 후에 발간된 북한군 군사고문단장 라주바예프의 보고서에서도 확인할 수 있다. 이 보고서에 따르면 당시 월미도와 인천항을 방어하고 있던 북한군 병력은 적었고, 북한군이 대함작전 장비도 보유하지 않았다고 밝히고 있다. 또한 인천지역 방어에 동원된 부대는 급조한 부대로서 훈련이 거의 되어 있지 않았다는 사실과 보급도 매우 열악했다는 사실을 지적하고 있다.

결국 라주바예프 역시 미군의 인천상륙작전이 낙동강 방어선에서 유엔군 부대의 결정적 붕괴를 막아낼 수 있었다고 평가하였다.

5장

인천상륙작전의 결과

인천상륙작전의 의미

인천상륙작전을 실행하기 전 맥아더는 북한군 모든 역량이 낙동강 전선에 집중되어 있고 인천에 대한 방어능력은 극히 미약하며 북한의 증원 또한 기대될 수 없으리라고 지적했다. 또한 맥아더는 전략적·심리적·정치적 이유로 서울을 신속히 탈환해야 한다는 점을 강조했다. 서울이 한국의 상업중심지이고 주요 도로와 철도의 교착지점이기 때문이었다. 주요 도로는 남으로 대전, 동남쪽으로는 충주와 부산, 서로는 인천, 북서로는 평양, 북동으로는 원산에 이르렀다.

맥아더는 군산은 북한군의 병참선을 차단할 수 없을 뿐 아니라 북한군이 조금만 물러서면 뜻하는 대로 포위할 수 없게 된다고 주장했다. 북한 또한 인천상륙은 불가능하다고 볼 것이기 때문에 이 지역의 방어에 소홀할 것이라고 확신했다. 결국 그의 예측은 정확했고, 북한은 인천지역에 대한 적절한 방어를 하지 못했다.

인천상륙작전의 성공과 북한군의 퇴각

인천에 상륙한 제10군단의 부대들이 한강변에 진출하기까지 미 제8군은 낙동강 전선에서 진격하지 못하고 있었다. 제10군단 지휘소가 인천에 개설된 것은 9월 21일이었다. 이때부터 알몬드 장군은 전 육상부대의 지휘권을 장악하였다. 이때까지 집계된 제10군단의 양륙상황을 보면 병력이 4만 9,586명, 차량이 5,356대 그리고 화물이 2만 2,222톤에 달하였다. 배속 부대를 포함한 군단 구성부대의 전부가 이 당시에는 작전지역에 도착해 있지 않았다.

　서울 서측방의 장벽에 투입된 주요 적 부대는 3개 보병대대와 약간의 지원부대들로 구성된, 그리고 약 2,000명의 병력을 가진 북한군 제78독립연대였다. 그 외에도 4,500명 안팎의 병력을 보유한 북한군 제25여단이 있었다. 서울방어를 담당하고 있던 북한 지휘부는

9월 24일에 서울로 퇴각했던 제18사단의 잔존 병력 약 5,000명을 그 다음날인 9월 25일 저녁부터 북쪽으로 퇴각시켰다.

9월 22일 미 제1기병사단의 한 기계화부대가 추격의 선봉에 서서 다부동을 출발하였다. 9월 26일 제8군 소속 제1기병사단 제7기병연대의 특수임무부대와 제10군단 제7사단 제31보병연대 병력이 오산 근방에서 연결되었다.

9월 26일 맥아더 장군은 라이트 장군과 계획수립장교단에게 38선 이북 지역에 또 다른 상륙계획을 작성하라는 지침을 주었다. 라이트 장군은 9월 27일 과거 인천상륙작전에서 보여 준 개념의 현실적인 적용방안으로 제8군은 서해안을 따라 평양으로, 제10군단은 원산에 상륙한다는 계획을 제시하였다. 실제로 원산은 소련이 북한을 지원하기 위하여 보내는 물자를 블라디보스토크로부터 들어오는 주 항구일 뿐만 아니라 육로로 지원하는 데에도 중요한 지점이었다.

작전의 성과와 결과

미군의 전사가는 인천상륙작전의 전반적 성과를 적절하게 요약하여 다음과 같은 3개 항으로 열거하였다. 1) 적에게 결정적인 위협이 된 인천상륙작전은 직접적으로 낙동강 전선의 적군을 급속히 와해시켰다. 2) 서울을 탈환하여 적의 전 병참선이 차단되었으며 여타 부대들의 공격이 이에 수반됨으로써 적의 참패가 동시에 초래되었다. 3) 성공적으로 완수된 이 작전에 의해서 인천항만 시설과 서울에 이르는 제반 병참시설이 북진작전을 위하여 이용 가능하게 되었다.

그러나 무엇보다도 인천상륙작전이 가지는 전사적 의미는 전세를 완전히 뒤바꾸었다는 점과 함께 북진정책을 통한 북한으로의 반격(Rollback)이 가능했다는 점이다. 인천상륙작전의 성공은 맥아더로 하여금 전쟁의 주도권을 갖게 했으며 그러한 자신감은 38선 북진과 북한군 괴멸이라는 목표 수정으로 이어졌다. 이는 10월 1일 김일성으로 하여금 스탈린에게 소련군의 직접 참전을 요구하기까지 만들었고 결국 유엔군의 38선 북진은 중국의 참전을 불러와 미·중 대결의 국제전으로 발전했다. 이 모든 전쟁의 확대과정에서는 너무나 쉽게 이루어진 인천상륙작전이 있었던 것이다.

4부

북진과
중국군 참전
그리고
맥아더의 해임

1장

북진 명령과 중국군 참전

북진문제의 초기 대두

인천상륙작전의 대성공으로 인해 유엔군 내부에서는 북진에 대한 언급이 공개적으로 나타나기 시작했다. 물론 북진에 대한 주장은 이미 미국 내부에서 전쟁 직후부터 대두되기 시작했다. 즉 한국전쟁이 발발한 지 얼마 지나지 않아 38도선의 철폐와 북한지역의 수복을 전쟁목적으로 해야 한다는 주장이 나타났다. 대표적으로는 미 국무부의 덜레스(John F. Dulles), 앨리슨(John M. Alison), 에머슨(John K. Emmerson) 등이 그들이었다.

미 국무부 동북아 국장 앨리슨은 "유엔 안전보장이사회 결의안대

로 한반도에서 영구적인 평화와 안전을 회복하는 조치가 취해져야
한다."며 "38선으로 인한 인위적인 분단이 존속하는 한 이러한 목표
는 실현될 수 없을 것"이라고 확신했다. 미 국무장관 고문 덜레스도
38도선 북진을 통한 한반도의 통일 달성을 주장했다. 그에 의하면
38선은 결코 정치적인 분단선이 된 적도 없고 되어서도 안 된다는
것이다.

여기에 38선 이북으로의 북진을 주장하는 현지사령관 맥아더의
주장도 제기되었다. 7월 13일 맥아더는 콜린스(Lawton J. Collins)와 반
덴버그(Hoyt S. Vandenberg)와의 회동에서 "나의 의도는 북한군을 몰아
내는 것이 아니라 완전히 분쇄하는 것이다. 따라서 북한 전역을 점
령할 필요가 있을지 모른다."고 주장했다.

1950년 8월 7일 미 국방부도 38선 북진 시 미국의 행동방침에 대
해 미 국가안전보장회의에 제출할 초안을 마련했다. 이 문서에서 미
국방부는 38선 자체는 군사적 승리를 방해하지 않는다면 어떤 군사
적 의미도 없다는 것, 통일된 한국 정부수립이라는 목표를 제한하는
중요한 요인은 지역적인 규모에서 중국군의 투입이나 유엔에서 소
련의 외교적, 정치적 조치를 포함한 소련의 군사적 대응이 될 것이
라고 인정하였다. 따라서 미국은 한국의 통일이라는 장기목적을 위
해 첫째, 유엔군사령부는 북한군이 38선 이남이나 이북 어디에 있

든지 그들을 궤멸시키고 한반도를 점령하기 위해 노력해야 하고, 둘째, 유엔군총사령관은 38선 이남·이북에 관계없이 한반도에서 군사작전을 수행할 군사적 목표를 설정해야 한다고 주장했다.

인천상륙작전의 성공과 북진문제의 해결

인천상륙작전의 성공은 그 동안 논쟁이 된 38선 북진에 대한 문제를 일거에 해결했다. 이러한 성공은 맥아더로 하여금 또 다른 자신감을 갖게 만들었는데 그것은 인천상륙작전으로 인해 대다수의 북한군 전열이 파괴된 것으로 보았기 때문이다. 이러한 상황으로 인해 북진에 대해 소극적이던 미 국무부 정책기획실도 전략목표를 변경하여 북한군의 완전 격파를 주장하기에 이르렀다.

1950년 9월 현재 북한군의 낙동강 전선 병력 현황은 약 9만 8,000명이었다. 한 연구에 의하면 1950년 9월과 10월 2달에 걸쳐 사로잡힌 북한군 포로의 총수는 약 6만여 명에 달한다. 더욱이 11월경에는 약 3만 5,000여 명의 포로가 사로잡힌 것으로 나타난다.

전선에 있던 북한군이 정확히 얼마나 38선 이북으로 후퇴하였는지는 계산할 수 없으나 거의 대부분의 전투원들이 포로로 잡혔고 이후 38선 이북으로 철수시킨 병력 수는 남한에서 강제로 끌고 간 10만 명의 인원으로 추정된다. 북한군의 대응능력은 거의 사라진 것으로 판단됐다.

1950년 9월 20일 미 국무부 정책기획실은 북한군이 저항할 경우 38도선 이북으로 전투를 확대해야 한다는 보고서를 작성했다. 군사적인 성공을 동반한 정치적 행동은 자유세계를 위해 최대한의 이익을 성취하고 소련과 그 위성국에 최대한의 손실을 주는 방향으로 이루어져야 한다는 것이다. 그리고 한국에서 유엔의 정치적 목적은 1947, 1948, 1949년 유엔 총회의 결의안에서 규정되고 NSC 81에 의한 미국의 정책에서 확인한 것처럼 한국의 완전한 독립과 통일을 이룩하는 것으로 규정했다. 따라서 북한군이 괴멸하거나 북한군의 저항이 계속된다면 통일을 위해 38선 이북까지 전투를 수행해야 한다는 것이다.

9월 26일 맥아더는 라이트(Edwin K. Wright)와 합동전략기획단 장교단에게 38선 이북지역에 또 다른 상륙계획을 작성하라는 지침을 주었다. 라이트는 9월 27일 과거 인천상륙작전에서 보여 준 개념의 현실적인 적용방안으로 제8군은 서해안을 따라 평양으로, 제10군단은 원산에 상륙한다는 계획을 제시하였다. 실제로 원산은 소련이 북한을 지원하기 위하여 보내는 물자를 블라디보스토크로부터 들여오는 주 항구일 뿐만 아니라 육로로 지원하는 데에도 중요한 지점으로 판단되었다.

NSC 81/1과 북한점령정책의 구체화

국무부와 국방부는 만약 북한이 붕괴되고 중국과 소련이 한국전쟁에 개입을 하지 않는다면 맥아더로 하여금 유엔의 후원 하에 북한을 점령하게 하는 데 의견의 일치를 보았다.

미 합참은 NSC 81/1에 기초하여 맥아더에게 다음과 같은 지시문을 발송하였다. "귀관의 군사목적은 북한 군대의 괴멸이다. 이러한 목적을 얻는 데 있어 귀하는 상륙작전, 공수작전 그리고 38선 이북지역에 대한 지상작전을 포함한 군사작전을 수행할 권한이 있다. 단, 그러한 작전은 소련군이나 중국군이 북한지역으로 들어오거나 북한지역에서 우리 작전에 맞설 위협을 하지 않는 때에 가능하다."는 내용이었다.

마셜(George C. Marshall) 미 국방장관은 트루먼 미 대통령에게 맥아더 유엔군사령관이 북한군을 격멸하기 위해 38선 이북에서 필요하다고 생각하는 군사작전을 수행할 권한을 부여하는 것이 적절하다는 내용의 건의서를 제출했다. 9월 27일 합참본부는 한국에서 맥아더의 작전확대를 지시하는 전문을 보냈다.

9월 30일 마셜 미 국방장관은 맥아더에게 다음과 같은 전문을 보냈다. "우리는 전술적이든 전략적이든 38선 이북으로 진격하는 데 아무런 제지도 귀하에게 가한 바 없다는 사실을 양해하기 바란다." 는 내용이었다. 이러한 전문은 유엔군이 북한으로 진격하기 위해서는 유엔 총회의 사전 허락이 필요하다는 유엔의 원칙을 회피하려는 것으로 전쟁의 변화에 의해 수정된 미국의 새로운 입장을 반영한 것이었다. 38선 북진에 대한 논쟁은 이 전문으로 인해 완전히 해결되었고 맥아더에게는 북한지역에 대한 작전 권한이 부여되었다.

공산 진영의 최고 수뇌부에서 중국 참전 논의가 진행되는 가운데 1950년 10월 1일 맥아더는 북한군 최고사령관에게 항복을 권유하는 성명서를 발표했다. 이 성명서는 북한군이 무장을 해제하고 유엔군 감시 하에 전투행위를 중지할 것을 요구하며, 전쟁포로 및 민간인 억류자에 대한 석방과 적절한 보호를 요구하였다.

유엔군의 북진과 중국의 반응

오히려 유엔군에 대한 반응은 중국에서 먼저 나타났다. 10월 3일 저우언라이는 유엔군이 북한을 침공한다면 중국은 전쟁에 개입할 것이라고 표명했다. 그러나 애치슨은 이러한 중국의 경고가 허세에 지나지 않는다고 평가절하했다.

10월 5일 극동군사령부 정보장교들은 북한에 중국군이 개입하였다는 자료를 제시하면서 만약 유엔군이 38선을 넘을 경우 중국은 한국전쟁에 공공연히 개입할 가능성이 있다고 보았다. 윌로비(C. A. Willoughby)는 워싱턴에 보내는 보고에서 38개 중국군 사단 중에서 최소한 9개 내지 18개 사단이 한만국경에 집결하고 월경할 준비를 갖추었다고 지적하였다. 윌로비는 8월 말부터 약 9개군(25만 명)의 중국 병력이 만주로 이동했다고 보고했다. 인천상륙작전 이후에는 만주에 집결한 중국군의 수가 45만 명으로 증가했다고 밝혔다.

10월 14일 극동군사령부에서 나온 보고서에는 중국과 소련이 그들의 지속적인 이해관계와 공식성명에도 불구하고 승산이 없는 전쟁에서 자신들의 국력을 투자함으로서 막대한 손실을 입으려 하지 않으리라고 되어 있다.

10월 17일 맥아더는 유엔군사령부 명령 제4호로 제한을 철회하고 전 유엔군 지상부대가 운영할 수 있는 선까지 북진하도록 명령했다. 10월 24일 맥아더는 국경 남쪽의 유엔군 사용에 관한 모든 제한을 철폐하고 모든 지휘관은 전 예하부대를 동원하여 한국의 북단까지 전진할 것을 지시하였다.

유엔군의 인천상륙 이후 전황이 급변하자 9월 17일 저우언라이는 척후대 5명을 선발해 북한 주재 중국대사관 무관으로 발령을 내면서 약 1개월 간 향후 최전선이 될 북한 북부지역의 지형을 조사케 하였다. 미국의 '중국 침략 야심'을 깨뜨리는 것과 함께 전쟁을 한반도에 한정하는 것이 출병의 최대 의도였다.

9월 말, 유엔군의 북상에 의해 중국 자체가 위협을 받게 되고 참전이 현실문제가 되면서 10월 1일 밤에 김일성의 구원 요청 편지를 계기로 참전문제를 토론하는 정치국 회의가 황급히 소집되었다. 그러나 이어진 2일의 회의에서는 마오쩌둥이 중심이 되어 추진한 참전 구상이 부결되었다. 대논쟁을 거쳐 5일의 회의에서 참전 결정에 간신히 이르렀지만, 1주일 뒤인 12일 20시에 마오쩌둥은 의용군에게 출동 중지를 명령했다. 그리고 몇 시간 뒤인 13일 새벽에 열린 정치국 회의에서 참전 결정이 다시 채택되었다. 참전의 재결정이 이루어진 시각은 13일 0시 이후로 되어 있기 때문에 중국의 연구서는 보통 '13일 재결정'이라 부르고 있다.

공식적인 전사에 따르면 1950년 10월 19일 오후 5시 30분, 제40군이 도하를 개시함을 시초로 중국인민지원군의 주력부대는 그날 밤에 3개소의 도강지점에서 압록강을 건너 남하했다. 중국의 참전은 이로써 정식으로 개시되었다. 또한 베이징에서 공표된 자료에 의하면 "제42군 제124사단 제370연대가 샤오젠페이 부사단장의 인솔 아래 10월 16일 밤에 지안에서 압록강을 건너 북한 영내 30킬로미터 남짓 들어갔다."고 되어 있다.

2장

웨이크섬 회담과 미군의 정보 오판

웨이크섬 회담의 배경

중국군 참전에 대한 문제를 둘러싸고 미 당국자들 사이에 논란을 불러 일으킨 최초의 사건은 웨이크섬 회담(Wake Island Conference)이었다.

1950년 10월 15일 개최된 웨이크섬 회담에서는 한반도의 완전한 독립과 통일을 완수하기 위한 절차상의 문제에서부터 중국군 참전에 따르는 대응까지도 다루었다. 미국 의회 선거가 있기 3주 전에 열린 이 회담은 전쟁의 승리를 목전에 두고 있는 현지사령관과 대통령 본인의 만남을 통해 선전효과를 극대화하기 위한 백악관의 계산에서 비롯되었다. 트루먼의 참모들은 11월에 열릴 의회 선거를 기다리고 있던 민주당에 긍정적인 정치적 자산을 줄 수 있는 방법을 모색했다.

따라서 웨이크섬으로 향할 준비는 10월 9일부터 본격적으로 이루어졌다. 대통령은 마셜 국방장관과 애치슨 국무장관으로 하여금 맥아더에게 보낼 전문을 준비하도록 명령했다. 대통령이 맥아더에게 보낸 전문에는 회담에서 논의할 주제에 대한 정보도 있었다. 그것은 크게 4가지로 분류할 수 있는데, 1) 현재 한반도의 군사상황, 2) 한국 구호자금의 전망, 3) 대일평화조약, 4) 극동지역에서의 전체적인 전략상황 등이다. 10월 10일 트루먼 대통령은 맥아더와 웨이크섬에서 회담을 갖는다는 내용을 공식적으로 발표했다.

중국군 참전에 대한 중앙정보국의 판단

하지만 트루먼은 웨이크섬 회담이 열리기 전인 1950년 10월 9일 참모진과의 면담에서 중국의 참전에 대해 매우 낙관적인 견해를 피력했다. 즉 트루먼은 "중국의 한국전 개입 가능성도 생각할 수는 있지만, 그럴 것 같지 않고 인도차이나에 대한 중국의 개입도 일어날 것 같지는 않다."는 요지의 발언을 했다.

10월 12일 미 중앙정보국(CIA)은 대통령에게 "중국이 개입할 능력을 가지고 있으나, 그렇게 되지는 않을 것 같다."고 보고했다. 중앙 정보국은 "중국 지상군은 현재 공군 및 해군 지원이 부족한 상태이기 때문에 개입하더라도 결정적이지는 못할 것이고 또한 실제로 그들이 한국전쟁에 전면적으로 개입할 의사가 확고하다는 증거도 없다."고 밝혔다. 결국 이 보고가 트루먼에게 맥아더와의 웨이크섬 회담에서 중국의 개입문제에 대한 논의를 우선순위에서 배제하게 만드는 데 일정한 역할을 했던 것으로 보인다.

웨이크섬 회담의 개최와
중국군 참전 가능성에 대한 논의

10월 15일 트루먼 대통령은 브래들리(Omar N. Bradley) 합참의장, 페이스(Frank Pace) 육군장관 등 24명을 거느리고 웨이크섬에 도착했다. 이미 전날 맥아더는 무초, 휘트니(Courtney Whitney), 벙커(Laurence E. Bunker) 등을 대동하고 도착해 있었다.

트루먼-맥아더 회담은 오전 7시 36분에 시작되었다. 회담이 개시되자 주제는 한국의 전쟁복구사업, 한반도 총선거 실시, 대일강화조약, 태평양조약, 인도차이나 사태, 필리핀과 타이완 상황 등 여러 방면에 걸쳐 대두되었다. 특히 가장 많은 내용을 차지한 것은 인도차이나 사태와 대일강화조약이었다.

한반도 문제와 관련해서 논의된 내용은 한국전 종결 이후 미군의 재배치에 관한 것이 주를 이루었다. 브래들리가 작성한 요지문에 따르면 한국의 전황과 관련해서 맥아더는 크리스마스 때까지 미 제8군을 일본으로 철수시키는 한편 제10군단은 북한점령을 위해 재정비하여 주둔시킬 것이라고 밝혔다.

다른 문제에 대해 논의가 진행되고 있을 때 갑자기 트루먼은 중국이나 러시아가 개입할 가능성에 대해 맥아더에게 질문했다. 맥아더는 "거의 없다. 두 나라가 전쟁 개시 후 1~2개월 이내에 개입했더라면 상황은 변했을 것이다. 우리는 더 이상 그들의 개입을 두려워하지 않는다. 지금은 그들에게 굽실거릴 필요가 없다. 중국은 만주에 30만 명의 군대를 보유하고 있다. 그 중 아마 10만 내지 12만 5,000명 정도가 압록강을 따라 배치되어 있을 것이다. 또 그 중 5만 내지는 6만 명 정도가 압록강을 넘어 올 수 있을 것이다. 그들은 공군이 없다. 남한에 공군기지를 여러 개 가지고 있으며, 만약 중국이 평양으로 밀고 내려오려 한다면 대살육이 벌어질 것이다."라고 대답했다. 맥아더는 중국이 효과적으로 개입할 수 있는 기회를 놓쳤다고 보았다. 이것이 중국군 개입 가능성에 대한 질문과 대답 전부였다.

3장
크리스마스 귀국작전과 후퇴

유엔군의 북상과 중국군과의 조우

10월 24일 맥아더 장군은 워커 장군과 알몬드 장군에게 전 병력을 동원하여 최대한 빨리 진격하라는 지시를 내렸다. 그리고 10월 17일에 그가 설정한 목표도 단순히 최초 목표에 지나지 않는다고 말하였다.

미 정보당국에 중국군 출현이 공식적으로 탐지된 것은 1950년 10월 27일이었다. 중앙정보국 정보보고서는 "중국군이 공개적으로 개입했다는 공식적인 보고는 없지만 운산지역에서 중국군 포로가 생포되었다."고 밝혔다. 이러한 중국군 포로에 대한 정보는 이후 지속적으로 나타났다. 28일자 보고서에서는 온정리에서 한국군 제6사단이 중국군 포로 3명을 생포했음을 밝히고 있고, 주한미대사관에서도 중국군의 참전 증거로 중국군 포로를 확인하는 내용의 보고서를 국무장관에게 계속하여 제출했다. 이 보고서에 따르면 포로들의 심문 결과 이들이 10월 19일경 만주에서 월경했으며 중국군 제40군에 소속된 것으로 밝혀졌다.

10월 28일 맥아더의 정보참모인 윌로비(Charles A. Willoughby)는 "최상의 개입 시기는 이미 오래전에 지나갔다. 만약 계획된 것이라면 그와 같은 행동이 북한군 잔당이 거의 소멸될 지경에 이르는 현재 이후의 시점으로 연기될 것이라고는 믿기 어렵다."고 보고했다. 3일 후 브래들리 장군도 국방부에서 가진 기자회견에서 "중국의 정책은 우리 군사지도자들이 예상한 바에 의하면 전면적 개입도 형식상의 개입도 아닌 '중간수준'인 것 같다."고 발언했다.

미 제8군 정보부는 10월 31일에야 제8군 군사작전 지역 내에 약 2,000여 명의 중국군이 개입한 것으로 판단했으나 이는 실제와 너무 다른 판단이었음이 얼마 지나지 않아 밝혀졌다. 10월 31일에는 소련 미그 15기가 한국전쟁에 개입하였고, 11월 8일에는 전투 기간 중 최초의 공중전이 압록강 부근의 신의주에서 발생하였다.

중국군 참전 규모에 대한 오판

미 중앙정보국은 중국의 한국전 개입문제에 관해 공식적으로 대통령에게 보고했다. 1만 5,000명 내지 2만 명으로 구성된 중국군이 북한에서 작전하고 있고 같은 수의 부대가 만주에 주둔한다는 것이다. 그러나 이러한 행동이 전면전을 가져올 것은 아니며, 중국의 주요 목적은 압록강 남쪽에 제한적인 '방역선'을 만들려고 하는 것이라고 평가했다. 중앙정보국도 중국군의 한국전쟁 개입에 대해 오판을 하고 있었던 것이다.

11월 2일 윌로비는 북한에 주둔 중인 중국군의 병력 수를 1만 6,500명이라고 추산했고, 만주지역에는 정규군 31만 6,000명과 비정규군 27만 4,000명이 있다고 보고했다. 윌로비의 보고 때문이었는지는 모르지만, 11월 3일 합참이 맥아더에게 한국전쟁의 상황에 대한 평가를 요구했을 때 맥아더는 중국이 취할 가능성이 있는 4가지 대응을 제시했다. 첫째, 전면적인 개입, 둘째, 북한에 대한 비밀 지원, 셋째, 북한군을 증강할 수 있도록 지원군을 이용, 넷째, 국경지역에서 한국군에게만 대응하는 임시적인 개입 등이다. 이 가운데에서 맥아더는 자신의 판단으로 첫 번째 대응방법은 실현 가능성이 없고, 적어도 3가지 가운데 한 가지 아니면 혼합된 방식으로 이루어질 것으로 예측했다.

11월 4일 미 제8군 사령부 대변인은 중국군이 한국에서 유엔군과 교전중이라고 정식으로 확인하며 최소한 2개 사단 이상이 참전하였음을 밝혔다. 맥아더 사령부 역시 중국군 개입에 대해 11월 5일에서야 공식적으로 특별보고서를 작성하여 유엔에 제출하였다. 맥아더는 북한지역 내에 북한군 이외의 부대가 존재한다는 사실을 확인했다고 밝혔다.

11월 6일과 7일 사이 이러한 상황의 변화 속에서 맥아더는 합참에게 "한국에 투입된 중국군의 규모는 3만에서 4만 명이지만 필요시 35만 명 이상의 지상군이 한국전에 증원될 수 있다."는 평가를 보고하였다.

11월 7일 새로운 전황의 변화로 인해 맥아더는 만주지역에 대한 폭격을 허용해 달라는 요구를 미 합동참모본부에 발송했다. 맥아더는 작전지역의 제한조건으로 만주와 북한 국경을 넘어가는 적의 공군기는 일종의 완벽한 성역을 갖게 되어 유엔군의 공군과 지상군의 사기가 저하된다는 것을 밝히고 새로운 지침을 내려 주기를 요청했다. 11월 10일 또다시 맥아더는 압록강을 넘어 대규모로 증강되는 적군을 격퇴할 수 있도록 만주지역으로의 확전을 요청했다.

1950년 11월 17일의 시점에서도 맥아더는 중국의 의도를 오판하였다. 무초 주한 미 대사와의 대담에서 그는 중국이 2만 5,000명 내지는 많아야 3만 명의 군대를 파병했을 것으로 본다고 확신했다. 그리고 만약 자신이 전력을 기울인다면 북한과 중국이 차지하고 있는 지역을 10일 이내에 점령할 수 있을 것이라고 말했다.

하지만 11월 23일까지 중국군의 한국 투입병력은 약 30만 명에 달하였다. 중국군은 부대를 식별하기 위하여 암호를 사용하였다. 가장 특징적인 위장법은 사단을 위한 대대의 호칭이었다. 11월 23일까지 유엔군은 12개 중국 사단이 있음을 인정하였으나 실제는 30개 사단이 있었다.

크리스마스 귀국작전의 전개와
중국군의 대규모 전개

미 제8군의 북진 개시일은 보급품을 사전 확보할 수 없어 11월 15일에서 11월 24일로 연기해야만 했다.

여기에 더해 11월 25일에 8군은 중국군의 증가를 보고했다. 하지만 새로운 숫자도 이전에 평가하였던 것보다 6,000명이 많은 5만 4,000명에 지나지 않았다. 적의 가능한 행동을 검토하면서 제8군의 정보참모인 타킨턴(James C. Tarkenton)은 방어를 위하여 지역적 반격을 전개할 것이라고 평가하였을 뿐이다. 같은 날 윌로비도 한국에서의 유엔군은 8만 2,000명의 북한군과 4만 명에서 7만 명에 이르는 중국군의 저항을 받을 것으로 예측했다.

1950년 11월 25일 맥아더는 '홈바이크리스마스(Home by Christmas)'라는 총공격 개시를 발표했다. 그러면서 합동참모본부에 다음과 같은 전문을 보냈다.

"한반도 분쟁의 확대를 억제하는 방법을 모색하려는 생각에 대해서는 본 사령부에서도 전폭적으로 동의한다. 한반도 전체의 평화와 통일을 위해 한반도의 최북단 경계선 이남에서 모든 적군을 괴멸시키는 것이 목표라고 공개적으로 천명한 입장에서 그것을 위한 군사적 행동을 우리 스스로 하지 못한다면, 파국적인 결과를 초래할지도 모른다. 중국의 전쟁 개입은 우리가 미리 계산하던 위험요소이다. 우리가 대구, 부산의 좁은 지역에 몰려 있던 초기에 중국이 개입했더라면 현재 직면한 것보다 훨씬 위태로웠을 것이다. 우리 군은 이제 국경지역을 전부 장악하기 위한 작전 중에 있다."

이 전문으로 인해 맥아더가 워싱턴 당국의 지시를 무시하고 중국과의 전면전을 계획했다고 평가하는 학자들이 존재한다. 하지만 윌로비는 이 11월 25일의 작전, 즉 "크리스마스까지 병사들을 집으로 돌려보낸다."는 성명 자체가 워싱턴 상부로부터 승인을 받은 것이고, 더 나아가 유엔군이 중국 영토로 진격을 하지 않고 전쟁을 종결하겠다는 의도를 중국에 간접적으로 제공함으로써 중국군의 참전을 억제하려는 심리전의 일환이었음을 주장했다.

그러나 맥아더 사령부의 의도와 달리 중국군의 한국전쟁 개입은 지속적으로 이루어지고 있었고, 같은 날 한반도 북부에 진출했던 중국군의 총 병력 수는 40만 명 이상이었다. 새로운 전쟁이 시작된 것이다. 11월 25일 저녁, 미 제8군은 국경을 향한 진격을 중단하였다.

맥아더의 호기는 3일이 지나서 특별성명서를 발표하는 것으로 사라졌다. 맥아더는 이 발표에서 "총 합계 20만 이상으로 조직된 중국군의 주력부대가 현재 북한에 있는 유엔군과 대치하고 있다. 우리는 완전히 새로운 전쟁에 직면해 있다."며 한국전쟁이 국제전이 되었음을 주장했다. 12월 초순에 발표된 성명에서 맥아더는 자신의 작전수행에 대한 제한 조치는 전사상 유래 없는 엄청난 장애물이라고 비난했다.

4장

미군의 후퇴와 맥아더의 확전 주장

새로운 전쟁과 유엔군의 전면 후퇴

맥아더는 11월 28일 아침 합참에 "우리는 완전히 새로운 전쟁에 직면하고 있다."고 보고했다. 11월 28일은 미 제8군의 모든 전선에서 작전계획에 따라 철수가 시작된 날로 기억될 수 있다.

맥아더 장군은 도쿄에서 11월 28일 오후 5시 25분에 그의 공식 성명 제14호를 발표하였다. 이 성명에는 지난 4일간의 적 활동에 대해 "20만 명 이상의 중국군이 한반도에서 유엔군과 대결하기 위해 투입되어 있다."고 언급되어 있었다.

11월 28일 저녁 9시 30분경부터 시작되어 다음날인 11월 29일 새벽 1시 30분까지 계속된 회의에서 워커 장군이나 알몬드 장군 모두 한국의 군사상황을 낙관하고 있었다. 맥아더 장군이 워커 장군에게 그의 전선상황에 대해 어떻게 생각하고 어디에서 성공적인 방어를 할 수 있는지에 대해 묻자, 워커는 "평양을 사수할 수 있고 평양 북쪽과 동쪽에 방어선을 구축할 수 있을 것으로 판단한다."고 답변하였다.

11월 29일 워커 장군은 앞으로 미 제8군의 상황에 대한 그의 결심을 시사하는 메시지를 모든 군단장 및 사단장에게 보냈다. 이 메시지에 의해 평양에 있는 미 제8군의 시설 대부분이 폐쇄되어 훨씬 남쪽으로 재배치되었고, 일부 시설들은 서울을 향해 이동하게 되었다. 미 제8군을 임진강이나 서울 부근으로 철수시키겠다는 것을 시사하고 있었던 것이다.

11월 29일 저녁 늦게 워커 장군은 11월 24일부터 미 제8군이 개시한 국경으로의 공격과 관련한 언론 발표문에서 "중국군의 상황을 적시에 파악하여 그들의 배치와 의도를 인지함으로써 미 제8군을 구했다."고 말했다.

"5일 전에 시작된 미 제8군의 공격은 충분히 붕괴당할 위기로부터 우리의 군대를 구조한 것이다. 만약 우리가 공격을 하지 않고 피동적으로 기다리기만 하였다면 우리 전선에 투입된 20만 명의 중국군은 단기간에 2배로 증가되었을 것이다.

이들은 압록강 너머에 집결되어 있는 것으로 알려진 또 다른 20만 명의 중국군을 한반도로 틀림없이 투입했을 것이다. 우리는 공식적으로 군사 개입을 하지 않았다는 중국 공산당국의 공개 발표에서 허위 내용을 알아내기 위해 노력했으나 알지 못했다. 그러나 우리는 한만 국경으로의 공격을 통해서 중국군의 실상을 완전히 밝혔다. 나의 견해로는 이 공격이 괴멸의 위험으로부터 미 제8군을 구한 것이며 이러한 상황을 밝힌 적시의 공격이 미 제8군에서는 실로 가장 큰 행운이었다."

11월 24일 공격을 명령한 맥아더 장군의 통찰력이 그 후의 괴멸로부터 미 제8군을 구했다는 논리였다. 하지만 그의 이러한 견해는 12월 3일 완전히 바뀌었고, 그 후 그는 맥아더 장군에게 평양을 사수할 수 없고 아마도 훨씬 남쪽인 인천이나 서울의 한강 방어선으로 철수해야만 할 것 같다고 보고하였다. 워커는 다음날 오전 8시를 기하여 평양에서 철수하라는 명령을 하달하였다.

도쿄에서 12월 7일에 맥아더 장군과 콜린스 육군참모총장, 스트레트메이어 장군과 조이(Turner C. Joy), 스트러블(Arthur D. Struble) 제독

그리고 태평양지역 해병대사령관인 세퍼드(Lemanuel C. Shepherd Jr.) 중장 등은 지난 1주일 동안 제안된 여러 방안을 고려하고 라이트 장군의 건의를 대부분 포함시킨 계획에 합의하게 되었다. 맥아더 장군은 이러한 계획을 12월 8일자 유엔군 총사령관 명령 제5호로 발표하였다. 그는 8군에 의해 방어할 9개의 방어선을 설정했다. 최남방선은 부산 교두보선을 따른 낙동강 방어선이었다.

맥아더의 대중국 전면전 주장

미국 군 및 정치지도자들이 가졌던 가장 큰 관심은 한국에 대한 중국의 개입이 세계를 정복하려는 소련의 세계적화운동의 첫 번째 단계가 될 것이라는 가능성이었다. 중국의 개입으로 인한 직접적인 위협과 세계대전의 가능성이 커다란 위협으로 대두되자 육군을 확대해야만 했다. 12월 15일 전국 라디오 방송을 통해 트루먼 대통령은 국가비상사태가 도래했음을 선언했다.

워싱턴에 보내는 건의안에서 맥아더는 "중국 본토는 남쪽 타이완에 있는 군대의 공격에 널리 개방되어 있다."고 말했다. 그는 "타이완의 공격은 한국에 대한 압력을 약화시킬 수 있기 때문에 필요하다."고 제의하였다. 1950년 12월 30일 맥아더는 군사력을 상대적으로 줄이게 될 것이라고 확신하며 4가지 보복 조치를 제의했다. 첫 번째는 중국 해안을 봉쇄하는 것이었다. 둘째는 해군의 함포사격과 공중폭격을 통하여 중국의 군수산업을 파괴시키는 것이며 세 번째는 타이완에 있는 타이완군의 일부를 동원하여 한국의 병력을 증강시키는 것이었다. 그리고 네 번째는 중국 본토 중 취약지역에 대해 타이완이 견제작전을 전개하도록 허용하는 일이었다.

1951년 1월 15일 콜린스 육군참모총장, 반덴버그 공군참모총장이 한국에서의 군대 철수를 맥아더와 논의하기 위해 도쿄에 도착하였다. 1월 17일 회의에서 맥아더는 한국에서의 군사적 위치는 견딜 수 없었지만 리지웨이의 반격작전으로 교두보를 유지할 만큼 한국 상황이 개선되었다는 점에 대해서 동의했다.

1951년 3월 리퍼(Ripper) 작전으로 전과를 올리면서 새로운 정치적 문제로 38선 이북으로 다시 올라가는 것이 대두되었다. 미 국무부와 국방부는 리지웨이(Matthew B. Ridgway)의 최근 승리로 인해 중국이나 북한이 전쟁에서 승리할 수 없다고 믿게 되었고, 이것이 사실이라면 그들이 휴전협상에 동의해 올 것이라고 생각했다. 이러한 관리들의 권고를 받고 트루먼 대통령은 전쟁을 끝낼 유엔의 의사가 있음을 암시하는 공표를 가질 것을 계획하였다. 이 성명서는 협박한다는 느낌을 안 주면서 그들로 하여금 좋은 답변을 할 수 있도록 용어 선정이 신중히 검토되었다.

이에 대해 맥아더는 전쟁에 대한 해결은 외교적인 것보다는 군사적인 것이 이롭다는 의견을 워싱턴에 강력이 주장하고 있었다. 3월 24일 맥아더는 정전을 준비하기 위하여 적의 총사령관과 회의할 것을 제안하는 공식 성명을 발표하였다. 그러나 맥아더의 이 제안은 맥아더가 중국의 군사력을 하찮게 보고 있으며, 중국군은 한국에서 승리할 수 없고 만일 적대행위가 계속된다면 유엔은 중국을 공격할 것이라는 협박으로도 받아들여질 수 있었다.

5장
맥아더의 해임

전쟁을 둘러싼 맥아더와
워싱턴과의 갈등 초기과정

원래 맥아더의 해임에 대한 최초의 견해는 1950년 8월에 나타났다. 타이완 방문을 마치고 돌아온 맥아더는 8월 20일 미 해외참전군인회(Veterans of Foreign Wars, VFW)에 보낸 전문에서 "타이완은 '가라앉지 않는 항공모함'으로 서태평양에서의 미국의 전진 교두보가 되어야 한다."고 강조하면서 타이완을 지원하지 않는 워싱턴 당국을 비난했다. 맥아더에 따르면 타이완의 상실은 미국으로 하여금 그 방어선을 5,000마일이나 서부 태평양 연안으로 축소시킨다는 주장이었다. 이에 대해 트루먼은 매우 화가 나 맥아더를 유엔군사령관에서 해임하려고 했으나 그 당시 이 논의는 더 이상 진전되지 않았다고 한다.

12월 1일 맥아더의 인터뷰는 다시 한 번 트루먼을 분노케 했다. 맥아더는 『유에스뉴스앤드 월드리포트(U. S. News and World Report)』와의 인터뷰와 『UP통신』의 휴 베일리(Hugh Baillie)에 보낸 전문에서 '자신의 상관에 의해 부여된 제한은 거대한 핸디캡으로 군 역사에서 이전에는 한 번도 없었던 일'이라고 밝혔다. 이 메시지는 8월의 VFW와의 회견 때보다도 더욱 트루먼을 분노케 했다.

트루먼은 12월 5일 2가지의 명령을 하달했다. 첫째, 외교정책에 관한 언론 발표는 국무부, 군사정책에 관한 발표는 국방부를 통해 사전에 미국 정부의 공식적 정책과 일치되는지 여부를 검토한 이후에야 가능하다는 것이다. 둘째, 해외에 거주하는 정부 관리와 사령관들은 공식적인 진술에 주의를 기울일 것이며, 미국 내의 신문사, 잡지사, 기타 언론 매체와 군사 및 외교정책에 관해서는 직접적인 의견 교환을 삼가라는 것이었다. 물론 이러한 지시 사항은 명백히 맥아더를 목표로 한 것이다.

트루먼의 맥아더 확전론에 대한 거부

자신이 요청한 제안에 대해 아무것도 받아들여지지 않자 맥아더는 1월 10일 육군부에 보낸 전문에서 최대한 신속히 한반도로부터 철수하자는 제안을 제시했다. 즉 자신은 1차 우선순위로 일본방위를 맡고 있는데 이를 위해서는 자신의 군대를 일본으로 철수시켜야 한다는 내용이었다. 추가적인 병력 파견도 없고 중국 국민당 군대도 움직이지 않으며 중국 본토의 군사력에 대해서는 아무런 조치도 없는 상황에서 한국과 중국 지역에 대규모의 중국군이 집결되다 보면 결국 유엔군사령부의 지위가 위태로워질 것이라는 이유에서였다.

이러한 상황에서 워싱턴 당국은 한반도 전황을 휴전으로 이끌려는 계획을 구상하고 있었다. 1월 13일 트루먼은 맥아더에게 한국문제에 대해 우선 교전지역을 확대하는 문제를 신중하게 다루어야 한다고 강조했다. 맥아더의 대중국 확전 주장을 거부한 것이다.

제한전과 전면전의 갈등

1월 29일 맥아더는 『런던 텔레그래프(London Telegraph)』와의 회견에서 "아시아의 자유를 위한 전투는 계속될 것"이라고 발언했다. 이것은 휴전을 모색하고 있는 미국 정부에게 매우 곤혹스러운 발표였다. 영국 정부도 이에 대해 미국의 대한(對韓)정책이 무엇인지, 그리고 이를 영국 정부가 신뢰해도 되는지 문의해 왔다. 미 국무부는 "맥아더의 발언은 말 그대로 단순한 발언"이라며 미국의 정책은 조금의 변화도 있지 않다고 밝혔다.

1주일 뒤인 3월 15일 맥아더는 『유나이티드 프레스(UP)』 휴 베일리 사장과의 전보를 통한 회견에서 다시 전쟁의 확대를 주장했다. 즉 유엔군을 보전하며 공산군에게 최대한도의 응징을 주는데 필요하다면 38선을 월경할 용의가 있다는 것이었다. 또한 유엔군의 군사적 불리함을 언급했는데, 그 하나는 자신이 한 손을 뒤에 얽매인 채 싸우고 있다는 것이다. 중국군의 병력과 물자는 대부분 만주로부터 나오고 있기 때문에 만일 만주지역을 폭격할 수 있다면 이러한 적의 보급로를 완전히 말살할 수 있다는 주장이었다.

맥아더의 발표가 있자마자 워싱턴 당국은 당황했다. 우선 러스크(Dean Rusk)는 우방국 13개국 대사들에게 "맥아더의 성명은 독단적이고 갑작스러운 것"이라고 언급하며 이러한 일이 다시는 일어나지 않도록 수단을 취할 것이라고 알려 주었다.

맥아더 해임의 결정

1951년 4월 9일, 맥아더의 발언에 대한 심각한 토의 끝에 미 합동참 모본부는 맥아더의 해임에 대해 만장일치의 견해를 모았다. 합동참 모본부 의장인 브래들리는 트루먼에게 맥아더의 해임을 공식으로 건의했다.

결국 트루먼은 합참의 건의를 받아들여 4월 11일 맥아더를 전격 적으로 해임했다. 트루먼이 맥아더 해임에 관해 기자들에게 배포한 성명서에 의하면 그 관련 문건은 7가지였다.

첫째, 트루먼이 12월 5일 언론 발표에 관해 주의를 촉구하는 내용 을 합참을 통해 맥아더에게 전했던 메시지. 둘째, 합참이 1951년 3 월 20일 평화를 모색하고 있다는 내용을 맥아더에게 전달한 메시지. 셋째, 맥아더가 중국에 전달한 3월 24일의 최후통첩. 넷째, 트루먼 의 지시에 의해 3월 24일 합참이 맥아더에게 지난 12월에 하달한 지 령을 준수하라고 한 내용의 전문. 다섯째, 3월 20일 마틴에게 보낸 맥아더의 서신. 여섯째, 한국군의 무장에 관해 합참이 맥아더의 견 해를 물은 1월 5일의 전문. 일곱째, 한국군의 증강은 불필요하다는 1 월 6일 맥아더의 답변 등이었다.

맥아더의 해임은 그의 상관이었던 트루먼과의 갈등에서 비롯된 것이었다. 여기에는 한국전쟁의 전략에 관한 문제로 제한전-전면전 (Limited War vs. Big War), 문민-군인 사이의 관계(Civil Power vs. Military), 유럽과 아시아 가운데 어느 지역을 미국의 우선순위로 삼아야 하는 가(Europe vs. Asia) 등이 복합적으로 중첩되었다. 맥아더의 해임은 그 내용에 있어 명령계통에 관한 문제 등이 복합적으로 얽힌 사항이 었다.

5부

맥아더 평전

1장
맥아더의 어린 시절과
초급장교 시절

군 요새에서의 출생과 육군사관학교 입학

맥아더는 1880년 1월 26일 현재는 아칸사스주(Arkansas State)의 리틀락(Little Rock)의 일부가 된 지역의 군용건물인 닷지 요새(Fort Dodge)에서 태어났다. 맥아더 가문은 스코틀랜드 출신인 캠벨(Campbell) 가문의 후예이다. 그는 아더 맥아더(Arthur MacArthur)와 핑키 하디(Pinky Hardy)의 셋째 아들로 태어났다. 부친 역시 군인으로서, 맥아더는 어려서부터 친근감 있게 군인이라는 직업을 받아들일 수 있는 분위기에서 성장했다.

성공회 계통(Episcopal)의 신앙을 가진 맥아더는 어린 시절 아버지를 따라 주로 군용시설이 있는 지역으로 이주를 하며 소년기를 보냈다. 그의 육군사관학교 입학에는 여러 가지 우여곡절이 많았다. 맥아더는 웨스트포인트 입교에 필요한 입학 허가를 받지 못했다. 당시 입학 허가를 위해서는 대통령의 승인서가 필요했다. 수십 명의 주지사, 상원의원, 하원의원 등의 추천장을 받아 제출했으나 이마저도 받아들여지지 않았다. 더욱 나빴던 것은 입학 예비 신체검사에서 떨어진 것이다. 맥아더는 당시 자세 불량으로 인해 등뼈가 굽어 있었다. 구부정한 모습은 군인의 자세와는 거리가 멀었기 때문에 일정기간의 교정 치료 후 다시 체력장 시험에 응시해야 했다. 결국 등 교정 시술과 밀워키 지역 입학 예비 경쟁시험을 통과한 후인 1899년 육군사관학교에 입학하였다. 그는 4년간의 재학기간에 2,470점 만점에 2,424.2점, 즉 100점 만점에 98.14점을 얻는 놀라운 기록을 세웠다. 그 기록은 당시 웨스트포인트 사상 역대 3번째에 드는 빼어난 성적이었다.

맥아더의 성장과정에 어머니의 영향은 지대한 것이었다. 맥아더의 어머니 핑키 하디는 요즈음 한국사회와 비교해도 자식교육에 있어 매우 열성적이었던 것 같다. 맥아더가 웨스트포인트 재학 시절 그녀는 학교 앞의 호텔을 빌려 투숙하면서 그의 학교생활을 일일이 체크했다. 더욱이 임관 이후에는 남편의 옛 친구나 상관에게 지속적으로 편지를 보내 아들의 진급을 청원하기까지 하였다.

맥아더의 동양과의 조우

미 육군사관학교를 졸업한 후인 1903년에 맥아더는 소위로 임관하여 제3공병대대에 배속되어 필리핀으로 파견되었다. 첫 해외근무였고 그의 인생에 동양과의 첫 인연을 맺는 순간이었다. 항해 중에 그는 "태평양을 지배하는 힘은 곧 세계를 지배할 수 있는 힘이다."라고 주장했던 베버리지(Albert J. Beveridge)의 유명한 연설문을 읽고 깊은 감명을 받았다. 훗날 자신의 회고록에서 아시아는 장차 미국을 위한 전진기지가 될 것을 느꼈다고 회상했다.

그의 대아시아관은 이때부터 구체화되었다. 여기에 덧붙여 "이번 기회는 의심할 나위 없이 나의 전 생애를 준비시키는 데 있어서 가장 중요한 요소가 되었다. 미국의 존립 그 자체, 그리고 미국의 장래는 아시아와 아시아 지역의 전초기지들과 불가분한 상관관계를 가지고 있다. 이 여행은 내가 극동으로 되돌아가기 16년 전의 일이었는데 아시아에 대한 신비적 감정은 항상 나를 매혹시켰다."고 기술하였다.

이후 태평양사단의 공병참모 보좌관으로 발령받았고, 1905년 10월 육군부의 지시에 의해 부친인 아더 맥아더의 부관으로 임명되었다.

공병장교와 공보장교의 임무

1906년 8월 샌프란시스코로 돌아온 맥아더는 그해 12월 대통령 군사참모 브롬웰(Charles Bromwell) 대령의 부관으로 백악관에서 근무했다. 얼마 동안의 백악관 근무 후 맥아더는 공병학교를 이수한 후 병기학교에 배치되어 3년 동안 교관을 역임했고, 1911년 2월 대위로 진급했다. 1912년에 맥아더는 공병장교로 파나마 운하와 멕시코에 파견되어 근무한 후 돌아와서 합동참모본부의 일반참모로 기용되었고, 1915년 12월에는 소령으로 진급하였다.

1916년 40만 명의 국방군의 동원을 포함하는 국방 조례가 통과된 이후, 해군부장관 베이커(Newton D. Baker)는 맥아더를 그의 군사문제 보좌관으로 임명하였는데, 그 직책은 정보국을 관할하는 것이었다. 7월에 그는 공보연락장교로 임명되었다.

2장
제1차 세계대전과 맥아더

제1차 세계대전의 발발과 최연소 사단장

1914년 독일의 선공으로 전쟁은 전 유럽으로 확산되었다. 당시 미국 대통령 윌슨(Woodrow Wilson)은 먼로주의(Monroe Doctrine)에 따라 유럽의 문제는 유럽인의 손에 의해 결정되어야 한다는 입장을 표명하며 전쟁에 참여하지 않겠다는 선언을 분명히 하였다. 그러나 결국 1917년 12월 미국은 공식적으로 제1차 세계대전에 참전하기로 결정하였고, 퍼싱(John J. Pershing)이 이끄는 18개 사단 51만 명의 미군이 프랑스로 파병되었다.

이때 맥아더도 미국 원정군 제42사단에 배속되어 프랑스로 파견되었다. 당시 제42사단은 일명 무지개사단(Rainbow Division)으로 일컬어지고 있었고, 제83, 제84보병여단, 제67포병여단으로 구성되었다. 1918년 6월 맥아더는 임시준장 계급을 부여받았고, 8월에는 제84여단의 지휘권을 얻었다.

제1차 세계대전은 맥아더에게 최고위급으로 올라갈 수 있는 도약대 역할을 하였다. 그는 이 전쟁에서 다른 어느 참전군인 장교보다 월등히 많은 수의 훈장을 받았다. 그가 받은 훈장은 미 육군 수훈십자훈장(Distinguished Service Cross) 2개, 프랑스 무공십자훈장(Croix de Guerre) 2개, 은성훈장(Silver Star Medal) 7개, 상이기장(Purple Heart) 2개, 수훈장(Distinguished Service Medal) 등이었다. 이러한 공훈에 힘입어 맥아더는 1918년 11월 38세의 나이로 제42사단 지휘관이 되었는데 이는 미군 역사상 최연소 전시 사단장이었다.

미 육군사관학교 교장

1919년 6월 전쟁이 끝나고 미국으로 돌아온 그에게 새로운 직책의 임무가 주어졌는데 바로 미 육군사관학교 교장직이었다. 이 역시 최연소 기록이었다. 맥아더는 육사 교장직을 역임하며 낙후된 교과목을 대대적으로 개편하고 새로운 시스템을 도입했다. 즉 사립대학과의 경쟁력을 키우기 위해 경영학, 역사학, 심리학, 사회학 등 새로운 교과목을 도입하여 초급장교들의 세계관을 확립하는 데 기여했다. 맥아더의 전기작가인 제임스(D. Clayton James)는 이러한 맥아더의 공적을 미 육군의 근대화에 중요한 기여를 한 업적 가운데 하나로 평가하였다.

1922년 맥아더는 다시 마닐라군관구 사령관으로 전출되었다. 이것은 그의 세 번째 아시아 근무였다. 1925년 1월 소장에 진급되어 워싱턴으로 돌아온 맥아더는 애틀랜타의 4군관구 사령관을 거쳐 볼티모어에 있는 3군관구 사령관이 되었다.

1927년 맥아더는 3군관구 사령관의 직위를 겸임한 채 미 올림픽위원회 위원장으로 선출되었다. 이는 1928년 암스테르담 올림픽 준비를 위한 의도였다. 이 올림픽에서 맥아더가 이끄는 미국 팀은 1위를 차지했다. 올림픽이 끝나고 미국에 돌아오자마자 맥아더는 다시 한 번 마닐라의 필리핀군관구 사령관으로 임명되었다.

육군참모총장

1930년 11월 맥아더는 미국 역사상 18번째로 4성 장군이자 육군 참모총장이 되었다. 맥아더가 참모총장의 직위에 있던 시기에 미국 사회는 그 어느 때보다도 평화주의가 팽배했다. 미국의 평화운동은 1928년 켈로그-브리앙 조약(Kellogg-Briand Pact) 때보다도 더욱 맹렬하게 움직였다. 맥아더는 이러한 반군 정서를 미국의 개인주의에서 기원한 것으로 후에 술회했다. 평화적인 사회분위기와 함께 1929년 불어닥친 대공황의 여파로 미국의 국방예산도 점차 줄어들었다. 하지만 군부의 이익을 대변해야 했던 육군참모총장으로서 맥아더는 군비축소의 가장 강력한 반대자가 되었다.

이 당시 정권은 민주당의 루스벨트(Franklin D. Roosevelt) 행정부로 집권 초기부터 사회민주적 성격을 강하게 지향했다. 미국의 이전 정부와는 다르게 루스벨트 정권은 사회복지와 평등주의에 정책의 방향을 집중했다. 이것을 일명 뉴딜정책(New Deal)이라고 부르는데, 맥아더는 뉴딜정책이 천명되기 시작될 때부터 이에 대해 강한 반감을 가지고 있었다. 뉴딜정책의 방향이 군비를 삭감하고, 복지예산의 증액으로 진행되고 있었기 때문이었다. 육군의 최고 책임자로서 맥아더는 군비축소에 강하게 반발했다. 이렇게 루스벨트 정권에 대한 반감으로 맥아더는 1935년 12월 참모총장직에서 해임되었고 계급 역시 대장에서 소장으로 강등되었다.

필리핀 군사고문직과 결혼

이때 필리핀의 상원의원 케존(Manuel Quezon)이 미국을 방문하여 맥아더를 필리핀 군사고문으로 파견해 주기를 요청했다. 맥아더는 다시 한 번 필리핀 군사고문직을 수행하기 위해 아시아로 향했다. 대외적으로 성공적인 모습을 보여 주었던 맥아더에게도 개인사적인 결혼문제에 있어서는 상당한 문제점이 있었다. 30대 초반에 이혼 경력이 있던 맥아더는 한동안 독신을 고집하다가 어머니의 장례식을 위해 미국을 방문하고 돌아가는 배 안에서 장차 그의 생애 나머지를 함께할 진 매리 페어클로스(Jean Marie Faircloth)를 만났다. 이들은 1937년 4월 30일 필리핀 루존에서 결혼하였다. 당시 맥아더의 나의 57세였다.

맥아더는 1937년 9월 건강상의 이유로 전역을 신청했다. 그의 신청이 받아들여져 전쟁부(War Department)는 1937년 12월 31일자로 그를 미 육군의 현역 명단에서 제적시켰다. 이로써 맥아더는 40여

년의 군생활을 공식적으로 마감하였다. 하지만 맥아더는 원수(Field Marshall)의 계급을 지닌 채 필리핀 군사고문으로 죽을 때까지 필리핀 군대의 명단에 남아 있을 수 있었다.

3장
제2차 세계대전과 맥아더

일본의 기습과 태평양전쟁의 발발

1937년 중일전쟁이 발발하고, 일본군이 남방작전을 통해 동남아시아로 진격하자 미국과 영국은 이에 대해 비상계획을 준비했다. 미국과 영연방의 합동기본전쟁계획, 즉 레인보 파이브(Rainbow Five)가 1941년 6월 2일 채택되었는데 그 기본 계획은 만일 미국과 추축국 간에 전쟁이 발발하면 연합군은 먼저 이탈리아와 독일을 점령한다는 것이었다. 일본에 대해서는 미국이 극동에서 보유한 현재의 군사력을 이용하여 그 공격을 막아내는 것으로 이러한 연합국의 전략은 방어적인 것이었다.

일본의 진주만 공격이 있기 5개월 전인 1941년 7월 26일 루스벨트는 미국과 필리핀 군대를 통합, 미 극동육군(United States Army Forces of Far East, USAFFE)을 조직하여 사령관에 맥아더를 소장으로 재임명했다. 24시간이 지나 맥아더는 중장으로 진급했고, 일본군의 동남아시아 지역으로의 남진에 맞서 필리핀 방위 임무를 부여받았다.

맥아더는 1941년 12월 8일 결국 혼마(本間) 중장이 이끄는 일본군의 기습을 받아 필리핀 주둔 미군의 모든 병참물자를 잃고 필리핀 남부지역으로 퇴각했다. 미국과 일본의 태평양전쟁이 시작된 것이다. 전쟁이 시작된 지 얼마 지나지 않은 12월 18일 맥아더는 대장으로 승진했다.

맥아더의 현역 복귀

마침내 1942년 2월 22일 루스벨트 대통령은 맥아더에게 코레히도르(Corregidor)를 떠나 호주로 향할 것을 명령했다. 그해 3월 24일 영미합동참모본부는 전략적 담당지역 구획에 합의했다. 이 합의에 따라 미국은 태평양지역의 전선을 주도적으로 담당하게 되었다. 이를 위해 미 합참은 맥아더를 1942년 4월 18일 남서태평양지구총사령관(CINCSWPA)에 임명하였다.

미 합참의 명령으로 맥아더는 호주에서 새로운 사령부 구성을 마무리지었다. 새로이 진용을 갖춘 맥아더 사령부는 반격을 위한 준비를 시작했다. 가장 먼저 진행한 작업은 적에 대한 정확한 정보를 획득하는 것이었다. 이러한 준비는 1942년 6월 정보부대를 정비함으로써 가능해졌다. 윌로비의 통제 하에 향후 작전지역에 대한 정보자료가 수집되기 시작했다.

여기서 하나 주목할 것은 맥아더가 자신의 관할 이외의 정보부대의 활동에 대해서는 민감한 반응을 보였다는 점이다. 남서태평양사령관으로서 맥아더는 워싱턴의 전략정보국(Office of Strategic Services, OSS)이 자신들의 요원들을 관할 구역에서 활동할 수 있도록 하자고 제안하자 이를 거부했다. 이러한 맥아더의 태도는 제2차 세계대전 종전 후 자신이 관할하던 지역에서도 지속되었다. 극동군사령관과 연합국최고사령관의 직위에 있던 맥아더는 미 중앙정보국 등 다른 정보기관의 활동을 금지하기까지 했다. 이는 후에 한국전쟁을 전후한 시기의 정보책임과 맞물려 민감한 문제가 되었다. 즉 북한군의 남침이나 중국군의 한국전쟁 개입 시 정보부재의 책임을 두고 논란거리가 되었던 것이다.

참모진과 정보부대를 완비한 맥아더는 1943년 2월 필리핀에서 붕괴된 미 극동육군(USAFFE)을 새로 설립했다. 전세는 곧 반전되어 해전에서는 니미츠가 산호해, 미드웨이, 솔로몬에서 승리를 거두었고, 지상전에서는 과달카날 반격작전, 부나 작전, 레노 작전, 이오지마 작전, 오키나와 작전 등 상륙작전이 연이어 성공을 거두었다.

일본 본토에 대한 공격과 니미츠와의 경쟁

태평양의 주요 섬을 장악한 미국은 일본 본토를 위한 공격계획을 준비하였다. 그런데 여기서 해군의 니미츠와 육군의 맥아더가 충돌하게 되었다. 니미츠는 오키나와를 거쳐 타이완을 지나 일본 본토로 진격하는 구상을 제시한 반면, 맥아더는 뉴기니아에서 필리핀을 거쳐 일본 본토를 공략하는 구상을 제시했다.

결국 맥아더의 주장이 받아들여져 미군의 주요 공격 루트는 뉴기니아-필리핀-오키나와-큐슈 지역으로 결정되었다. 이때 맥아더가 주로 사용한 전법은 그 유명한 '섬 건너뛰기(Leapfrogging Amphibious Assault)' 전략이었다. 이 전략은 일본군이 중무장하여 요새로 삼은 섬들을 우회하고 오히려 취약한 섬을 점령하여 그 후방의 섬지역을 고립시키고, 일본군의 퇴로와 병참선을 끊는 방식이었다. 맥아더는 태평양전쟁에서 이러한 육·해공 합동상륙작전을 87번이나 감행하여 모두 성공시켰다.

맥아더의 대통령 후보 지명

한편 제2차 세계대전 동안 맥아더는 미국에서 대통령 후보로 공공연히 거론되었다. 물론 1930년대 후반에도 맥아더를 대통령 후보로 선출하려는 움직임이 일부 있었으나 1940년대에 들어와서 이러한 분위기는 명백해졌다. 특히 전쟁이 시작되면서 반루스벨트 정서가 팽배해지고 맥아더를 대통령 후보로 선출하려는 움직임이 1942년 여름부터 빨라졌다.

맥아더를 대통령으로 만들기 위한 지지세력은 크게 두 부류로 나눌 수 있다. 하나는 언론이었고 다른 하나는 공화당 의원들이었다. 이들의 노력에 의해 맥아더는 대중의 지지를 얻었다. 1942년 『포춘(Fortune)』에서 조사한 여론조사에서 공화당원들을 상대로 가장 유력한 대통령 후보를 문의했을 때 놀랍게도 맥아더가 복수투표에도 불구하고 57.3퍼센트(총 투표수는 제시되지 않았지만 전체 투표수의 배분율 합계는 약 220퍼센트임)라는 놀라운 지지를 획득했다.

1943년 2월 「포춘」이 차기 대통령에 대해 일반인들을 상대로 실시한 투표에서도 맥아더는 루스벨트와 윌키(Wendell L. Willkie) 다음의 3위 자리를 차지하였다. 특히 이 여론조사에서 놀라운 사실은 비숙련노동자들의 맥아더에 대한 지지가 매우 높았다는 점이다.

1943년 가을 공화당 대통령 후보 예비선거는 위스콘신에서 실시되었다. 그러나 맥아더를 누르고, 듀이(Thomas E. Dewey)가 승리했으며, 순서는 스타센(Herold E. Stassen), 맥아더, 윌키 순이었다. 반면에 일리노이에서는 맥아더가 승리를 얻었다. 그는 예비선거에서 76퍼센트의 지지를 얻었으며 『타임스(Times)』는 맥아더가 정치세계의 무명인을 압도했다고 보도했다.

원수 임명

1944년 12월 16일 미국 상원은 육군대장 4명과 해군대장 3명을 원수로 승진시키는 안을 승인했다. 이 조치는 미국의 대장을 원수로 승진시킴으로써 오성기를 달고 있는 영국의 원수들을 좀 더 효과적으로 다룰 수 있도록 하기 위한 것이었다. 대통령은 즉시 마셜(George C. Marshall)과 맥아더, 아이젠하워(Dwight D. Eisenhower), 그리고 아널

드(Henry H. Arnold)를 육군원수(General of the Army)로 임명하고 리하이 (William D. Leahy)와 킹(Ernest J. King), 니미츠를 해군원수(Fleet Admiral) 로 각각 임명했다.

1945년 4월 3일에 합참은 루스벨트로부터 진격명령을 받고 태평 양사령부의 재편성을 발표했다. 이전의 지리적 경계인 '남서태평양' 과 '태평양지역'들이 소용없게 되었다. 니미츠에게는 모든 해군부대 의 지휘권이 주어졌고, 맥아더는 태평양의 모든 지상군의 지휘권이 주어진 미태평양육군 사령부(AFPAC)의 사령관이 되었다.

1945년 4월 12일 루스벨트가 뇌출혈로 사망하자 부통령인 트루 먼(Harry S. Truman)이 대통령직을 승계했다. 서유럽에서는 5월 8일 독 일이 항복하여 전쟁이 종결되었고, 미국은 서유럽 전선의 병력을 아 시아로 전환하여 태평양 전선에 투입하기 시작했다.

태평양전쟁이 막바지에 이른 1945년 8월 12일 트루먼은 애틀리 (Clement Attlee)와 스탈린(Josep Stalin), 장제스(蔣介石)로부터 맥아더를 일본점령 연합국최고사령관(GHQ/SCAP)에 지명한다는 데에 동의를 얻고, 8월 15일 공식적으로 이를 맥아더에게 통보했다. 그리고 1946년 4월 현역원수에 임명되어 일본 통치를 담당했다.

4장
한국과 맥아더

한국에 대한 맥아더의 전략적 입장

이제는 맥아더와 한국과의 관계를 살펴보자. 맥아더는 과연 한국을
어떻게 생각했을까? 결론부터 말하자면 맥아더는 한국에 큰 의미
를 부여하지 않았다. 표면적으로 한국 언론과의 회견이나 한국의 인
사들에게 말할 때는 한미 관계의 오랜 우의를 강조하면서 본인 역시
"친밀감을 갖고 있다."고 말했다. 심지어는 과장된 수사로 외부 침입
에 대한 자신의 책임을 강조하기도 했다. 그러나 맥아더의 입장에서
한국은 일본 방위에 있어 전초기지에 지나지 않았다.

하지만 1947년 3월 『합동통신』 사장인 김동성과의 회담에서 맥

아더는 자신이 한국과 긴밀한 관계였음을 토로하고 있다.

나와 한국과의 관계는 매우 깊다. 내가 어렸을 때에 나의 작고한 부친 아더 맥아더 장군은 조선 고종황제로부터 청동제 화로를 받은 적이 있었으며 나 자신은 1905년 러일전쟁 당시에 연락장교로 조선을 방문한 일도 있었다.

이어서 맥아더는 "1941년 필리핀에서 탈출할 때 아버지의 유품이었던 고종황제의 선물을 분실한 것을 매우 아쉬워한다."고 말했다. 훗날 대통령 이승만은 정부 수립식 직후 그에게 질동제(質銅製) 향로 1좌(座)를 기증하기도 하였다. 이씨 왕가 소장인 이 질동제 향로는 18세기 초에 제작된 것으로 이전에 맥아더의 아버지 아더 맥아더가 고종으로부터 받은 것과 같은 종류의 것이었다.

1948년 8월 15일 대한민국 정부 수립일 단상에는 이승만, 하지, 맥아더가 나란히 도열해 있었다. 특히 맥아더는 연합국최고사령관의 지위로 대한민국 건국에 대한 축사를 하기 시작하였다.

"저는 40년간 여러분의 애국자들이 외국의 압박에서 벗어나기 위해 분투하는 것을 감탄하며 지켜 보았습니다. 그러나 정의의 위력이 용

진하는 이 순간에 그 정의의 개선은 근대역사의 일대 비극인 귀국의 강토에 인위적 장벽과 분할을 무색하게 했습니다. 이 장벽은 반드시 파괴하여야 될 것이요, 또한 파괴될 것입니다. 우리나라의 국민은 귀 국민과 다년간 각별한 우호적 관계를 가졌습니다. 일찍이 1882년 양 국민 간의 우호통상조약을 체결하여 양국 간 영원한 평화와 우의를 선포하였습니다. 미국 국민은 이 서약에서 이탈한 적이 결코 없는 만큼 여러분은 그 우호관계를 계속 신뢰할 수가 있습니다."

여기서도 맥아더는 한국에 대한 관심과 애정을 가지고 있는 것처럼 발언을 하였다. 맥아더는 1948년 10월 대통령 이승만이 도쿄로 자신을 방문하며 환담했을 때 한국에 대한 관할권이 없는 상태에서도 자신 있게 이 대통령에게 자기는 "남한을 보호할 책임을 가지고 있다."고 하며 "남한을 미국 캘리포니아주를 보호하듯이 하겠다."고 말하였다.

그러나 그의 본의는 정반대였다. 주한미군의 철수가 확정된 뒤 남한에서는 이에 대한 우려가 심각히 제기되었고, 미 국무부 역시 안보문제를 이유로 주한미군 철수연기를 미 국방부에 제기했다. 이때 미 합참(JCS)은 맥아더에게 의견을 구했다. 이 답변에서 맥아더는 "한국이 미군부대의 주둔지로서 적합하지 않다."고 지적했다. 그 이

유는 아시아 대륙에 미국 지상군을 정착시키는 것은 그 자체로 위험을 안고 있기 때문이라는 것이다. "만일 미군부대가 한반도에 머물러 있다면 공산주의 제국들의 침략에 의해 덫에 빠지게 될 것"이라고 말했다.

애치슨라인과 맥아더 전략의 일치

1949년 3월 1일 맥아더는 『뉴욕타임스』 도쿄 특파원에게 "우리의 방어위치는 미 대륙 서부해안에 기초하고 있다. 태평양은 가능한 적의 접근로로서 고려되고 있다. 이제 우리의 방어선은 아시아 해안에 연하는 군도를 통하게 된다. 그것은 필리핀으로부터 출발하여 주 요새지인 오키나와를 포함하는 류큐 열도로 이어지며 일본과 알래스카에 연하는 알류산 열도를 통해 후방으로 굽어진다."라고 했다. 즉 한국의 전략적 가치를 거의 평가하지 않았던 것이다.

5장
사라지는 노병

맥아더의 정치적 꿈의 좌절

맥아더는 자신의 군 경력을 통해 또 하나의 정치적 상승을 추구하였다. 바로 대통령의 꿈이었다. 그는 자신의 입으로 대통령이 되고자 한다는 말을 결코 하지 않았다. 그러나 내심으로는 주위 사람들의 추대에 의해 후보가 되기를 원했으며 자연스러운 과정을 거쳐 대통령이 되고자 하였다. 1948년 미국의 대통령 선거가 다가오자 맥아더는 자신의 정치적 야망을 측근들에게 표명하기 시작했다. 많은 논란이 있었지만 일본을 재건한 자신의 업적을 통해 대통령의 직위에 다시 한 번 도전했다. 그러나 이번에도 공화당 대통령 선거 후보지

명에서 듀이에게 패배했고, 상당한 실망감을 표시하며 야망을 접어야 했다. 맥아더는 자신의 정치적 도약을 보장할 또 다른 기회를 기다리고 있었다.

맥아더는 1951년 4월 12일 해임을 당한 뒤 미국으로 돌아가 한동안은 열렬한 환영을 받았다. 그러나 명성은 '화무십일홍'이라고 했던가. 맥아더는 계속해서 정치적 야망을 가지고 공화당 의원들과 관계를 가졌으나 그 실현을 보지 못했다. 대통령이 되고자 했던 그의 야망은 다른 경쟁자들에 의해 밀려나기 시작했고, 결국 1952년의 공화당 대통령 후보 지명권도 아이젠하워에게 돌아갔다. 그리고 그가 자신의 업적 가운데 가장 자랑스러워했던 일본과의 평화조약협정에도 초대를 받지 못했다.

사라지는 노병

청문회 이후 맥아더는 미국 전역을 순회하며, 자기 해임의 부당성과 민주당 행정부의 대외정책을 비난하는 연설을 계속했다. 하지만 트루먼이 차기 대통령 선거에 출마하지 않을 것이라는 연설이 이어지자 맥아더에 대한 관심도 급속히 줄어들었다. 1951년 8월 맥아더는 레밍턴 랜드(Remington Rand) 사의 회장이 되어, 이전과는 완전히 다른 새로운 직업에 종사했다. 해임 이후 맥아더는 미국의 대외정책에 관해 특별한 역할도 맡지 않았고, 이에 대한 언급도 거의 없었다. 아이젠하워나 케네디에게 자신의 구상을 언급했지만, 더 이상 그의 발언은 미국의 대외정책을 움직이는 데 영향력으로 작용하지는 못했다. 결국 1964년 4월 3일 맥아더는 84세의 나이로 월터리드 육군병원에서 위출혈 및 폐렴이 악화되어 사망했다.

참고문헌

계인주, 『맥아더 장군과 계인주대령』, 다인미디어, 1999.

국방부 군사편찬연구소, 『소련 군사고문단장 라주바예프의 6·25전쟁 보고서』 1, 2, 3, 국방부군사편찬연구소, 2001.

국방부 전사편찬위원회 편, 『한국전쟁전투사-인천상륙작전』, 국방부전사편찬위원회, 1983.

김경일, 홍면기 옮김, 『중국의 한국전쟁 참전 기원 - 한중관계의 역사적·지정학적 배경을 중심으로』, 논형, 2005.

김계동, 『한국전쟁: 불가피한 선택이었나』, 명인문화사, 2014.

남정옥, 『한미군사관계사 1871~2002』, 국방부 군사편찬연구소, 2002.

데이빗 쑤이, 한국전략문제연구소 옮김, 『중국의 6·25전쟁 참전』, 한국전략문제연구소, 2011.

매튜 리지웨이, 김재관 옮김, 『한국전쟁』, 정우사, 1981.

박명림, 『한국전쟁의 발발과 기원』 1, 2, 나남출판사, 1996.

_____, 『한국 1950: 전쟁과 평화』, 나남출판, 2002.

박영실, 『중국인민지원군과 북·중관계』, 선인, 2012.

박태균, 『한국전쟁』, 책과함께, 2005.

션즈화, 최민원 옮김, 『마오쩌둥 스탈린과 조선전쟁』, 선인, 2010.

알렌 S. 휘팅 · 국방부전사편찬위원회 옮김, 『중국군 압록강을 건너다』, 국방부전사편찬위원회, 1989.

와다 하루끼, 서동만 옮김, 『한국전쟁』, 창작과비평사, 1999.

윌리엄 스툭, 서은경 옮김, 『한국전쟁과 미국 외교정책』, 나남출판, 2005.

E. B. 포터, 김주식 옮김, 『태평양전쟁, 맥아더, 그러나 니미츠』, 신서원, 1997.

이상호, 『맥아더와 한국전쟁』, 푸른역사, 2012.

이완범, 『한국전쟁-국제전적 조망』, 백산서당, 2000.

정병준, 『한국전쟁-38선 충돌과 전쟁의 형성』, 역사비평사, 2006.

정용욱, 『해방전후 미국의 대한정책』, 서울대학출판부, 2002.

_____, 『존 하지와 미군 점령통치 3년』, 중심, 2003.

주지안룽, 서각수 옮김, 『마오쩌둥은 왜 한국전쟁에 개입했을까』, 도서출판 역사넷, 2005.

중국 군사과학원 군사역사연구부, 오규열 옮김, 『중국군의 한국전쟁사 1』, 국방부군사 편찬연구소, 2002.

중국 군사과학원 군사역사연구부, 박동구 옮김, 『중국군의 한국전쟁사 2』, 국방부군사 편찬연구소, 2005.

찰스 A. 윌로비, 陳奉天 譯, 『맥아더 將軍의 韓國戰秘史』, 時事通信士, 1957.

한국전쟁연구회, 『탈냉전시대 한국전쟁의 재조명』, 백산서당, 2000.

허종호, 『조국해방전쟁사』 1~3, 과학백과사전종합출판사, 1993.

Appleman, Roy E., *South to the Naktong, North to the Yalu*, Washington D. C.: Center of Military History, United States Army, 1961.

Clark, Eugene, *The Secrets of Inchon: The Untold story of the most daring covert mission of the korean war*, New York: Berkley Books, 2002.

Clayton James D., *The Years of MacArthur: Triumph and Disaster 1880~1941*, Boston: Houghton Mifflin Co. 1970.

_____, *The Years of MacArthur: Triumph and Disaster 1941~1945*, Boston: Houghton Mifflin Co. 1975.

_____, *The Years of MacArthur: Triumph and Disaster 1945~1964*, Boston: Houghton Mifflin Co. 1985.

Courtney Whitney, *MacArthur-His Rendezvous with History*, New York: Alfred A Knopf, 1956.

Cumming, Bruce, *The Origins of The Korean War*, vol. Ⅰ : Liberation and the Emergence of Separate Regimes, 1945~1947, Princeton: Princeton 유엔iversity Press, 1981.

_____, *The Origins of The Korean War*, vol. Ⅱ : The Roaring of The Cataract, 1947~50, Princeton: Princeton University Press, 1990.

Hermes, Walter G., *Truce Tent and Fighting Front*, Washington D. C.: Center of Military History, United States Army, 1966.

Higgins, Trumbull, *Korea and the Fall of MacArthur-A Precis in Limited War*, New York: Oxford University Press, 1960.

MacArthur, Douglas., *Reminiscences*, New York: Mcgraw-Hill Book Company, 1964).

Manchester, William, *American Caesar*, New York: Laurel, 1978.

Mossman, Billy C., *Ebb and Flow: November 1950~July 1951*, Washington D. C.: Center of Military History, United States Army, 1990.

Ridgeway, Matthew B., *The Korean War*, New York: Doubleday, 1967.

Schaller, Michael, *Douglas MacArthur: The Far Eastern General*, New York: Oxford University Press, 1989.

Schnabel, James F., *Policy and Direction: The First Year*, Washington D. C.: Center of Military History, United States Army, 1972.

Stueck, William W. Jr., *The Korean War - An International History*, Princeton, NJ: Princeton University Press, 1995.

Weintraub, Stanley, *MacArthur's War: Korea and the Undoing of an American Hero*, New York: The Free Press, 2000.

〈대한민국 정체성 총서〉 기획위원

자유북한방송 대표	김성민
한국자유연합 대표	김성욱
군사편찬위원회 책임연구원	남정옥
전 월간조선 기자	이동욱
변호사	이인철
북한인권법 통과를 위한 모임	인지연
대한민국 정체성 총서 기획팀장	홍훈표

인천상륙작전과 맥아더

펴낸날	**초판 1쇄** 2015년 5월 30일

지은이	**이상호**
펴낸이	**김광숙**
펴낸곳	**백년동안**
출판등록	**2014년 3월 25일 제406-2014-000031호**

주소	**경기도 파주시 광인사길 30**
전화	**031-941-8988**
팩스	**070-8884-8988**
이메일	**on100years@gmail.com**

ISBN	979-11-86061-26-8 04300

※ 값은 뒤표지에 있습니다.
※ 잘못 만들어진 책은 구입하신 서점에서 바꾸어 드립니다.

이 도서의 국립중앙도서관 출판시도서목록(CIP)은 서지정보유통지원시스템 홈페이지
(http://seoji.nl.go.kr)와 국가자료공동목록시스템(http://www.nl.go.kr/kolisnet)에서
이용하실 수 있습니다.(CIP제어번호: CIP2015013580)

책임편집 **홍훈표**